Maravillas del español

Manual de actividades
Volumen2

A2 del MCER

Ana Beatriz Chiquito
Jaime Naranjo
Dora Álvarez
Rosaura Gómez
Marta Restrepo

Maravillas del español Colección para la adquisición del español como lengua extranjera. Producción en asocio de la Universitetet i Bergen (Bergen, Noruega) y la Universidad Eafit (Medellín, Colombia).
Manual de Actividades, volumen 2, nivel A2 del Marco Común Europeo de Referencia

www.uib.no / www.eafit.edu.co

Diseño gráfico y diagramación Juan Guillermo Ordóñez

Finalización e impresión Editorial Artes y Letras S.A.S.
Primera reimpresión 2014

Ilustración Óscar Gómez

Los créditos a las fotografías se encuentran detallados en la última página del texto

Maravillas del español : tomo 2 / Ana Beatriz Chiquito ... [et al.]. --
Medellín : Fondo Editorial Universidad EAFIT, 2012.
108 p. : il., fots. ; 28 cm . + 1 libro de actividades + Cd-Rom
ISBN 978-958-720-107-9 (Obra completa)
ISBN 978-958-720-111-6 (Texto guía)
ISBN 978-958-720-112-3 (Manual de actividades)
ISBN 978-958-720-113-0 (CD de audio)
1. Español 2. Español - Libros de texto I. Chiquito, Ana Beatriz.
460.7 cd 21 ed.
A1329701

CEP-Banco de la República-Biblioteca Luis Ángel Arango

DE PASEO

Repasemos

1 COMPLETA con la forma correcta del Presente de Indicativo.

1. Hedda y Mikkel, dos estudiantes noruegos, ________________ (llegar) a México y __________ (hospedarse) en la casa de la familia Porras.
2. Los estudiantes noruegos _______________ (escribir) sus tesis de grado y ___________ (estar) buscando el mapa de un tesoro.
3. Hedda va a la Universidad Central y ____________ (entrevistarse) con el profesor Mantilla.
4. Durante su viaje, Hedda y Mikkel ___________ (aprender) sobre la historia y las costumbres de la región
5. Inger, la novia de Mikkel, ___________(querer) investigar la verdad sobre el mapa de su tatarabuelo, Don Máximo Quesada.
6. Inger _________ (sentir) celos porque Mikkel y Hedda ____________ (pensar) viajar juntos por varios países hispanoamericanos.
7. Los estudiantes noruegos ____________ (encontrarse) con Manuel, un profesor costarricense de La universidad de Bergen, que _estaba_ visitando a su familia en San José.
8. Mikkel ________ (ir) a Guatemala para escribir sobre una antigua ciudad maya.

2 COMPLETA con *ser* o *estar*.

1. Inger _________ de Noruega, y ahora ___________ en Perú. Ella ________ antropóloga.
2. Mikkel y Hedda _________ buenos amigos y ___________ trabajando en sus tesis.
3. Mikkel _________ preocupado porque su novia _________ celosa.
4. Hedda y Mikkel ___________ investigando sobre una historia de piratas.

Historieta Viajeros: ¡Una pista del tesoro!

3 ELIGE F (falso) o V (verdadero) o NI (no hay información), según la historieta del texto guía (página 2).

	V	F	NI
1. Mikkel y Hedda toman un vuelo de Costa Rica a Panamá.	☐	☐	☐
2. Mauricio Cao trabaja en la Universidad Alejo Carpentier.	☐	☐	☐
3. La clave para encontrar el tesoro está en un manuscrito.	☐	☐	☐
4. Mikkel tomó muchas fotos en Contadora para su crónica de viajes.	☐	☐	☐

4 ORGANIZA los siguientes adjetivos.

1. nentrospedre: ______________ ______________
2. retismosio: ______________ ______________
3. tuloco: ______________ ______________
4. depordis: ______________ ______________
5. na togui: ________________

Un fin de semana maravilloso

Narrar acciones pasadas

5 **COMPLETA con la terminación apropiada del Pretérito perfecto simple.**

1. Mis amigos no nad______ en el río.
2. Yo visit___ la mayoría de los parques en la ciudad.
3. Jaime y Sonia tom______ un crucero a Aruba.
4. ¿Tú ya conoc______ el nuevo balneario?
5. Esther y yo habl______ por teléfono anoche.
6. ¿Vosotros aprend_______ español en Europa?

6 **COMPLETA las siguientes oraciones de manera lógica con el Pretérito perfecto simple.**

1. *Yo* hablé *con mi profesora acerca de mi viaje a México. (Ejemplo)*
2. _____ necesitaron ______________________________
3. _____ conocieron ______________________________
4. _____ cantó ______________________________
5. _____ trabajaste ______________________________

7 **COMPLETA las siguientes oraciones con la forma correcta del verbo en Pretérito perfecto simple. USA los siguientes verbos.**

viajar pasar preparar mirar correr preguntar contar volver montar encontrarse

1. Vladimir se ___________ con su mejor amigo en el cine.
2. Antes de salir, el pescador ___________ todo su equipo.
3. Cuando llegamos a casa, no le ___________ a nadie lo sucedido.
4. Después de dos años, yo ___________ a Panamá.
5. El año pasado, yo ___________ por toda Latino América.
6. Ellos le ___________ al guía cuál era la mejor manera de llegar.
7. Llegaron tarde y ___________ para tomar el tren.
8. Nosotros ___________ el reloj: eran las siete y media.
9. ___________ tres días en Isla Contadora.
10. Recuerdo que vosotros ___________ a caballo al lado del río.

8 **ESCRIBE el pasado de los siguientes verbos como en el modelo:**

~~**Despertarse**~~	Me desperté (Modelo)
~~**Escuchar**~~	___________
Encender	___________
Levantarse	___________
Asomarse	___________
Bajar	___________
Mirar	___________
ver	___________
Sentirse	___________
Subir	___________
Acostarse	___________
Apagar	___________
Dormirse	___________

Ahora, IMAGINA un historia usando, en lo posible, todos estos verbos. Puedes empezar así:
Anoche, me desperté a media noche porque... ______________________________

Estuvimos en el Canal de Panamá

Narrar acciones pasadas

9 COMPLETA las oraciones con el Pretérito perfecto simple y luego LLENA el crucigrama.

1. Panamá se ____________ de Colombia en 1903. (separarse)
2. Nosotros ___________ los pasaportes en la Oficina de Inmigración. (entregar)
3. Los Estados Unidos __________ el Canal hasta 1999. (administrar)
4. Nosotros ___________ muchas fotografías durante nuestra visita al Canal. (tomar)
5. Juan _________ para alcanzar el bus. (correr)
6. El año pasado, yo ___________ en Ciudad de Panamá. (estar)
7. Miguel no __________ con nosotros al barco. (subir)
8. El viaje ________ emocionante. (ser)
9. El guía _______ su exposición para darnos los itinerarios y luego retomó su relato. (interrumpir)
10. Mis compañeros y yo _________ en la playa todo el día. (estar)
11. Ellos no ________ conmigo a la discoteca. (ir)

1 2 3 4 5 6 7 8 9 10 11

10 ELIGE el verbo y COMPLETA.

1. El Canal de Panamá _________ una de las grandes obras de ingeniería del siglo XX.
2. Es un canal interoceánico que _________ el Atlántico y el Pacífico.
3. Su construcción _________ 10 años.
4. _________ aproximadamente $387 millones de dólares.
5. El vapor Ancón _________ oficialmente el canal en 1914.
6. _________ una longitud de 80 km aproximadamente.
7. El canal _________ un sistema de esclusas que funcionan como elevadores de agua.
8. Estados Unidos lo _________ hasta 1999.
9. En 1999, Estados Unidos _________ el Canal a Panamá.
10. Entre 11 mil y 14 mil barcos _________ el Canal anualmente.

usa
inauguró
tiene
es
utilizan
administró
comunica
duró
costó
entregó

11 ESCRIBE la biografía de Rubén Blades, según la información.

La vida de Rubén Blades	
1948	(Nacer) en Ciudad de Panamá, Panamá
1965	(Iniciar) carrera musical
1974	(Graduarse) como abogado de la Universidad Nacional de Panamá
1978	(Grabar) con Willie Colón el álbum *Siembra* para Fania All Stars
1980	(Grabar) el álbum *Maestra vida*
1982	(Separarse) del sello La Fania
1985	(Terminar) estudios en Leyes en Harvard Law Graduate School
1985	(Ganar) su primer premio Grammy Latino por su álbum *"Escenas"*
1993	(Participar) como candidato en las elecciones presidenciales de Panamá
2004	(Tomar) cargo de Ministro de Turismo de Panamá

Puedes empezar así: Rubén Blades, el famoso cantante de salsa y político, nació en 1948 en Ciudad de Panamá…

Lo conocí en Cuba

Describir personas

12 REESCRIBE las siguientes oraciones. REEMPLAZA el objeto directo por el pronombre correspondiente.

1. El mesero lavó los platos. *El mesero los lavó (Ejemplo)*
2. ¿Juan compró una camiseta nueva? Sí, ____________________
3. José vio los documentales anoche. ____________________
4. ¿Quién compró el coche? Luisa ____________________
5. Cerré la puerta al salir. ____________________
6. ¿Dónde conociste a Rosa? ____________________ en Ciudad de México.
7. Escribí mis datos en el formulario. ____________________
8. Terminé los informes esta mañana. ____________________
9. Conocí a mi novia en Costa Rica. ____________________
10. Ya llamé a mis compañeras. ____________________

13 COMPLETA con el pronombre de objeto directo.

1. Yo compré los boletos. __________ compré el jueves.
2. El cocinero preparó el almuerzo. Él __________ preparó muy temprano.
3. El tío nos prestó dinero. El nos __________ prestó sin intereses.
4. Marcos vio un programa en televisión sobre Cuba. Él __________ vio con su hijo.
5. Los chicos pintaron las ventanas. Ellos __________ pintaron durante el fin de semana.

14 COMPLETA las respuestas con un pronombre de objeto directo.

1. A: ¿Quién envió los documentos?
   B: Yo __________ envié.
2. A: ¿Dónde tienes la calculadora?
   B: __________ tengo en el escritorio.
3. A: ¿Dónde compró Luis su computador?
   B: Él __________ compró en Bogotá.
4. A: ¿Cuándo recibiste las solicitudes?
   B: __________ recibí el lunes.
5. A: ¿Quién te invitó a la fiesta?
   B: ________ invitó Gustavo.

15 COMPLETA la narración con el pronombre de objeto directo apropiado.

Hola Sandra,

¡Por fin en casa! El viaje estuvo muy bien, (1)______ disfruté de principio a fin, pero tuve algunos problemas al regreso.

Para empezar, perdí la cámara en el aeropuerto y perdí todas las fotos que tomé. Creo que (2)______ olvidé en el restaurante donde almorcé. Afortunadamente, una amiga tomó algunas fotos en los lugares donde yo estuve y me (3)______ va a enviar por Internet.

Luego, estuve en la sala de espera toda la mañana porque cancelaron los vuelos debido al mal tiempo. Finalmente, después de seis horas (4)______ volvieron a abrir, cuando las condiciones climáticas mejoraron. Además, no me permitieron pasar dos artesanías que compré. Así que (5)______ doné al aeropuerto. Afortunadamente, el vuelo aterrizó sin problemas.
¡Bueno, espero verte pronto!

Un abrazo.
Juan

¡Hace mucho calor!

Describir el estado del tiempo

16 COMPLETA las expresiones con *hace, está o hay*. En algunos casos hay más de una opción.

1. ________soleado 2. ________ lluvioso 3. ________nublado 4. ______ buen tiempo

5. _________calor 6. ________ húmedo 7. ______ frío 8. _______ despejado

17 ¿Qué tiempo hace hoy? DESCRIBE según las ilustraciones.

1.________	2.________	3.________	4.________
5.________	6.________	7.________	8.________

18 ESCRIBE la opción correcta.

1. ¡Qué aguacero! No podemos salir.___F___ (Ejemplo)
2. Podemos broncearnos un rato. _______
3. El tiempo está perfecto. El vuelo saldrá a tiempo. _______
4. Necesito un suéter y una chaqueta. _______
5. Hoy la temperatura está en 33°C. Trae solo ropa fresca. _______
6. La tarde está fresca. ¡Qué agradable! _______
7. Es un excelente día para elevar cometas._______

a. Hace calor
b. Hace frío
c. Hace viento
d. Hace brisa
e. Hace sol
f. Hace mal tiempo
g. Hace buen tiempo

19 COMPLETA las conversaciones con una descripción del tiempo apropiada.

A: ¿Vas a nadar hoy?
B: No. Hace mucho frío. (Ejemplo)

1. A: ¿Cómo está el clima hoy?
   B: Terrible. ________________________.
2. A: ¿Adónde quieres ir?
   B: A la playa. ________________________.
3. A: ¿Por qué cerraron el aeropuerto?
   B: Por mal tiempo. Hay mucha ____________________.
4. A: ¿Por qué no puedes venir a la fiesta?
   B: Es peligroso salir ahora. Hay una______________ terrible.
5. A: Podemos ir a elevar nuestras cometas esta tarde.
   B: Muy buena idea. Está ______________ y además ______________.

20 RESPONDE según tu propia información:

1. ¿Qué tiempo hace ahora? ________________________________
2. ¿Te gusta más la playa o la montaña? ¿Por qué?________________________
3. ¿En qué época del año llueve más en tu país? ________________________
4. ¿Qué te gusta más, el calor o el frío? ¿Por qué? ________________________

Aprendamos sobre...

...Turismo en Latinoamérica

Algunos datos de interés para viajar por América del Sur.

Argentina: Debes recordar que en la Patagonia, los senderos y los refugios están cerrados de mayo a agosto. Sólo funcionan parcialmente algunas hosterías. La temporada se abre a fines de septiembre o a principios de octubre. Recuerda que es recomendable hacer tus reservas con mucha anticipación.

México: Algunos visitantes sienten el **"mal de altura"** cuando llegan a la Ciudad de México. Si experimentas mareos, debilidad, dolor de cabeza o dificultad para dormir al llegar a esta ciudad, no te preocupes; simplemente, descansa y, en poco tiempo, los síntomas desaparecen. Si planeas visitar Palenque, no olvides incluir en tu equipaje un r**epelente para insectos**, si deseas tener un viaje placentero.

Perú: Si quieres ir a Machu Picchu y no tienes mucho dinero, la siguiente información te puede interesar: Tomas un taxi de Cuzco a Urubamba y luego otro hasta Ollantaytambo. Allí tomas el tren a Aguas Calientes.

Ecuador: ¿Quieres saber cómo vive una comunidad indígena en Ecuador? Debes visitar los albergues comunitarios en Cotacachi, allí puedes convivir con una familia indígena y compartir sus costumbres. Hay agencias en Otavalo donde puedes conseguir toda la información.

Colombia: Si estás en Colombia durante la época de Navidad y vas a viajar por tierra, recuerda:
*Es conveniente comprar los tiquetes con anticipación (en lo posible de ida y vuelta).
*Debes llegar al menos 40 minutos antes de la salida del bus.
*El 29 de diciembre es el día más ocupado para las empresas de transporte terrestre en el país.

Nota: Gran parte de los turistas que visitan los países latinoamericanos sufren los primeros días de trastornos estomacales, debido a los cambios de agua y alimentos. Por lo tanto, es aconsejable usar agua mineral para tomar y lavarse los dientes. Igualmente, hay que tener mucho cuidado al ingerir alimentos fuertes y picantes.

21 ESCRIBE la palabra al frente de cada definición.

1. _*gestiones*_: Trámites. (Ejemplo)
2. ____________: Introducir por la boca la comida, bebida o medicamentos.
3. ____________. Enfermedad que se manifiesta cuando se viaja a lugares altos.
4. ____________: Sustancia empleada para alejar a ciertos insectos.
5. ____________: Lugar situado en zonas de montañas para acoger a viajeros y excursionistas.

refugio
repelente
ingerir
~~gestiones~~
mal de altura

22 ELIGE F (falso) o V (verdadero) o NI (no hay información)

	V	F	NI
1. Si deseas aprender sobre las costumbres de una familia indígena ecuatoriana, debes hacer las reservaciones con suficiente anticipación.	☐	☐	☐
2. En junio, todos los refugios están fuera de servicio en la Patagonia.	☐	☐	☐
3. En Colombia, el tráfico es muy congestionado en diciembre.	☐	☐	☐
4. Puedes usar diferentes medios de transporte para ir a Machu Picchu.	☐	☐	☐
5. El servicio médico en México es excelente.	☐	☐	☐

Escribamos

23 ORGANIZA las siguientes palabras. Todos son verbos en pasado en la tercera persona del plural (ellos).

a. *iarVojan* *Viajaron* (*Ejemplo*)
b. rasconPe ________
c. nErcontanor________
d. riCamanon ________
e. cosnErala ________
f. ramonAr ________
g. Llornega ________
h. tonCaran ________
i. adronaN ________

24 ASOCIA las palabras en el ejercicio anterior a las siguientes ilustraciones.

MODELO *a*

25 NARRA las actividades que realizaron Diego y sus amigos el fin de semana pasado en el campo, según las ilustraciones del ejercicio anterior. USA los verbos dados.

____
____
____
____
____
____
____
____
____
____
____
____
____

...Usar el idioma para:

A. Narrar acciones pasadas

1. COMPLETA con el Pretérito perfecto simple.

1. A: ¿Dónde ____________ (nacer/tú)?
   B: ____________ (nacer/yo) en Praga.
2. A: ¿A qué edad ___________ (terminar/tú)? la secundaria?
   B: ____________ (terminar/yo) a los 16 años.
3. A: ¿Cuándo________ (ser)la primera vez que _________ (estar/tú) en América Latina?
   B: __________ (estar/yo) en 1999, en Panamá.
4. A: ¿Por qué ___________ (ir/tú) a Panamá?
   B: ____________ (asistir/yo) a una conferencia.
5. A: ¿Qué lugares _________ (conocer/tú)? en Panamá?
   B: _______ (visitar/yo) el Canal y la capital.

2. COMPLETA con información personal.

1. Nací en ______________________________
2. Viajé al extranjero por primera vez en _______
3. Empecé a estudiar español en_____________
4. Conocí a mi mejor amigo(a) en____________
5. Mi último trabajo fue_____________________
6. Hace un año_____________________________
7. La semana pasada _____________________
8. Anoche________________________________

B. Hacer referencia a algo o a alguien.

3. COMPLETA con el pronombre de objeto directo.

1. Hedda no confirmó la reserva. Ella va a confirmar___ esta tarde.
2. La aerolínea envió las maletas anoche. ____envió al hotel.
3. Decidimos esperar al guía en el puerto. ____ esperamos cerca del barco.
4. Ya compramos los regalos para nuestros amigos. ______ compramos en el centro histórico.
5. Ellos cambiaron el itinerario. Debieron cambiar___ para poder visitar las islas.

...Sobre el idioma:

4. ELIGE la opción correcta.

1. Podemos ir a la piscina. El día _________ soleado.
   a. hace **b.** está **c.** hay
2. ________ tormenta. Es mejor no salir.
   a. está **b.** es **c.** hay
3. El aeropuerto está cerrado. _______ mal tiempo.
   a. hace **b.** es **c.** está
4. Debes reducir la velocidad. La carretera _____ muy húmeda.
   a. hace **b.** está **c.** hay
5. Debemos llevar los abrigos. ______ mucho frío allá.
   a. hace **b.** está **c.** hay

... Sobre Hispanoamérica:

5. COMPLETA.

1. En Panamá, podemos aprender sobre la época de los piratas en ______________.
2. _____________es el símbolo de Panamá.
3. Panamá se independizó de España en ______ y se separó de Colombia en ________.
4. ___________ es la moneda oficial de Panamá.

Puntaje: | /27

DE VIAJE

Repasemos

1 ELIGE el verbo y COMPLETA la historia en pretérito perfecto simple.

El fin de semana pasado (1) _fue_ maravilloso. Mi novio (2)________ de sorpresa. (3) ________ con unos amigos a un parque natural cerca de la ciudad. (4) _______ muy temprano y (5) _________ en un restaurante muy lindo, a orillas de un lago. En el parque, (6)_________ a caballo, (7) _________ en el bosque de bambú y (8)__________ en el río. Mi novio (9) _________ a escalar en roca. La noche fue espectacular. (10) _________ cerca del río y, como es costumbre, (11) _________ una fogata y Juan, el aventurero del grupo, nos (12) _________ algunas anécdotas de su último viaje.
¡Qué gran fin de semana!

encender
salir
~~***ser***~~
ir
estar
acampar
llegar
montar
contar
desayunar
bañarse
aprender

Historieta Viajeros: La historia del equipaje.

2 ORGANIZA los eventos, según la historieta del texto guía (página 16).

___ Hedda llegó al puerto.
___ Hedda compró ropa.
___ Hedda y Mikkel visitaron el Castillo de San Felipe.
___ Hedda recibió una llamada de la empresa naval.
___ Mikkel y Hedda llegaron a Cartagena.
___ Hedda le entregó la maleta a un empleado del puerto.

3 ELIGE y COMPLETA. USA el pretérito perfecto simple.

perder pelear dar donar

1. Hedda _________ la ropa vieja.
2. El pirata Cowley _________ en Cartagena en el siglo XVIII.
3. Hedda está preocupada porque piensa que _________ documentos importantes.
4. La compañía de transporte le _________ un cheque a Hedda.

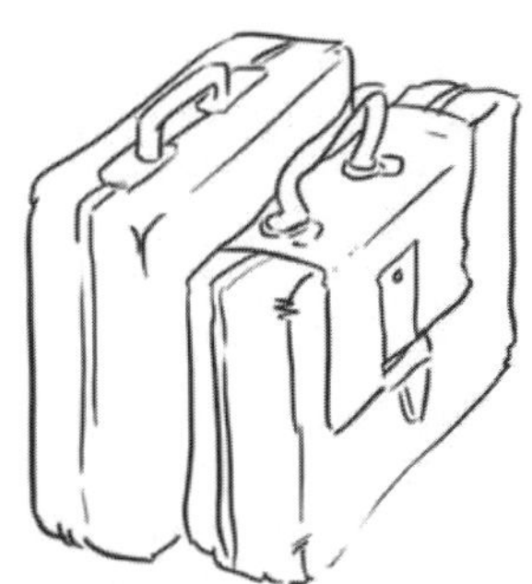

Se rieron todo el tiempo

Contar sobre experiencias pasadas

4 COMPLETA con el Pretérito perfecto simple de los siguientes verbos.

vestir(se) dormir(se) pedir morir sentir seguir poder

1. ¿Ustedes __________ bien anoche? Fue una noche bastante fría.
2. ¿Quién __________ la cuenta?
3. Juan no __________ miedo.
4. Anoche ella __________ muy elegante para la cena.
5. Más de 20 personas __________ el año pasado en accidentes de trabajo.
6. Ella me __________ tu número telefónico. Pero, no lo recordé.
7. Ellos __________ al guía.
8. María __________ en la sala de espera. Llegó muy cansada.
9. Antonia __________ mucho miedo cuando montamos en el helicóptero.
10. No __________ ir a la fiesta porque llegué muy enferma del trabajo.

5 COMPLETA y RESPONDE.

1. A: ¿Quién ____________ (construir) este monumento?
   B: Lo ________________________ un artista colombiano.

2. A: ¿Dónde ____________ (morir) Simón Bolívar?
   B: ________________________ en Santa Marta

3. A: ¿Quién ____________ (pedir) este libro?
   B: Creo que lo ________________________ Rosa.

4. A: ¿Para dónde va? ¿Por qué ____________ (vestirse - usted) tan elegante?
   B: Tengo una entrevista de trabajo.

5. A: ¿Qué ____________ (sentir - ustedes) cuando llegaron a Cartagena.
   B: ____________ una gran emoción.

6 COMPLETA con los siguientes verbos en pasado.

Construir, Empezar, Jugar, Buscar, Entregar, Caer, ~~Pagar,~~ Oír, Tocar, Explicar, Creer, Utilizar

Horizontal

1. Los españoles _____ estas murallas en el siglo XVI.
2. Yo _____ el curso de buceo ayer.
3. Yo no _____ fútbol con mis amigos. (invertido)
4. Te _____ por todas partes y no te encontré.
5. Ya _____ la tarea a la profesora.
6. El equipaje se _____ al agua. Ahora toda la ropa está mojada.

Vertical

1. Yo *pagué* la cuenta del hotel. ¿Ya pagaste en el restaurante?
2. Él no _______ la sirena del barco.
3. En la fiesta de despedida, (yo) _______ el saxofón con la banda del hotel.
4. Miguel no _______ esa historia.
5. Yo _______ el ejercicio de matemáticas a mis alumnos.
6. Para el viaje, me prestaron un GPS, pero no lo _______ (invertido).

¿Viste las fotos?

Narrar acciones pasadas

7 **ELIGE la forma correcta del verbo.**

1. Las niñas ____________ de viaje la semana pasada.
   a. estuvo **b.** estuvieron **c.** estuviste
2. Yo no ____________ encontrar un mapa turístico.
   a. pudo **b.** pudimos **c.** pude
3. Ellos ____________ que ir al hospital.
   a. tuvimos **b.** tuvieron **c.** tuvisteis
4. Marta ____________ toda la tarde en el centro y llegó muy cansada.
   a. anda **b.** anduvo **c.** anduve
5. El sábado ____________ mucho calor.
   a. hice **b.** hizo **c.** hicimos
6. ¿Quién ____________ estas flores?
   a. pusieron **b.** pusisteis **c.** puso
7. Ayer ____________ tomar el sol, pero no fue posible.
   a. quise **b.** quiero **c.** querer
8. El mes pasado ____________ mi sobrino.
   a. viene **b.** vino **c.** vine

8 **COMPLETA con el Pretérito perfecto simple de los siguientes verbos.**

poder poner saber andar tener hacer querer venir

1. Sebastián __________ sus libros sobre la cama.
2. Hace dos días (nosotros) __________ de Argentina.
3. ¿Quién __________ con Érica a la fiesta?
4. Nosotros __________ todos los juguetes viejos en una caja.
5. ¿Quién __________ la reserva para el hotel?
6. ¿(Tú) __________ confirmar el vuelo?
7. Mateo y Amanda no __________ cómo llegar al hotel.
8. (Nosotros) __________ toda la tarde por el centro histórico de la ciudad.
9. Ema y yo __________ que posponer el viaje para el próximo verano.
10. Alejandra no __________ bajar a la playa. Se quedó dormida.

9 **FORMA oraciones lógicas.**

Yo tuve un *accidente la semana pasada (Ejemplo)*

1. ____ supieron ______________________________________
2. ____ viniste ______________________________________
3. ____ quiso ______________________________________
4. ____ anduve ______________________________________
5. ____ cupieron ______________________________________

10 **Sara tiene cuatro años y todavía comete errores con el pasado. CORRIGE las siguientes oraciones si es necesario. ESCRIBE ✓ si está correcto.**

Ayer mi tía vinió 1. ________ con mis primos y nos hició 2. ________una torta muy rica. Mi primita Sofía no pudo 3._______ venir porque tenió 4. ______ que ir al colegio. Todos nos ponimos 5. _______ un delantal para ayudar a la tía. Andrés no quiso 6. ______ ponerse el delantal porque los delantales son para las niñas. Simón regó la leche en la mesa porque no cupió 7. _________en la jarra.

¿Qué te dijeron?

Narrar acciones pasadas

11 **Susana y Mateo estuvieron de vacaciones. Ella fue a Cartagena de Indias (Clima caliente y soleado, 28ºC) y él estuvo en Bogotá (Clima frío y lluvioso, 12º C). ¿Qué crees tú que llevaron? ESCRIBE en cada maleta la ropa apropiada para cada destino.**

pantalón	camisa	abrigo	calzoncillo	guantes	accesorios
pantaloneta	camiseta	corbata	tangas/bragas	bufanda	gorra
falda	blusa	chaqueta	toalla	botas	gafas de sol
bluyín/vaqueros	suéter	sostén / brassier	sandalias	zapatos	vestido de baño

¿Qué empacó Susana?

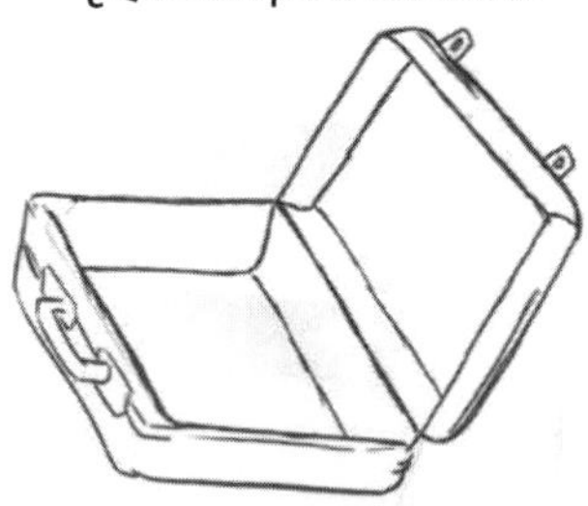

¿Qué empacó Mateo?

12 **COMPLETA con la forma correcta del pretérito perfecto simple.**

1. A: ¿ __________ anoche? (conducir/tú)
   B: No, Lucas __________ porque yo olvidé la licencia. (conducir)

2. A: ¿Qué __________ al guía? (distraer)
   B: Lo __________ una alarma de seguridad. (distraer)

3. A: ¿Ustedes __________ los ingredientes para la comida? (traer)
   B: Yo __________ la carne, pero Julián no __________ las verduras. (traer)

4. A: ¿Qué __________ tu amigo sobre la invitación para esta noche? (decir)
   B: Le gustó mucho la idea.

13 **LEE el aviso del almacén "El Hombre de Hoy" y COMPLETA el diálogo:**

ALMACÉN EL HOMBRE DE HOY

¡REBAJAS MIL!

Vestido entero/traje entero	Medias (calcetines)
Camisas de manga larga y manga corta	Zapatos, botas, tenis, sandalias
Corbatas importadas y nacionales	Sombreros, boinas y gorras
Cinturones	Ropa interior, piyamas y ropa deportiva
Chaquetas, abrigos y guantes de lana	Salidas de baño y vestidos/trajes de baño
Camisetas último modelo	Gafas de sol

Empleado: Buenas tardes, ¿Puedo ayudarle?
Juan: Gracias, planeo ir a La Patagonia y necesito ropa apropiada.
Empleado: Muy bien. Aquí tengo estas __________, estos __________ y estos __________ de lana para sus manos.
Juan: ¿Tiene pasamontañas?
Empleado: No, lo siento. No vendemos.
Juan: Bueno, también necesito algo para una fiesta de matrimonio.
Empleado: Claro que sí. Tenemos __________, __________, __________, __________ de cuero.
Juan: Bien. ¿Qué precio tiene este vestido?
Empleado: Vale $400.000 pesos. Pero tiene un descuento del 15%.

Tú me entregaste las llaves

Hacer referencia indirecta a personas o a cosas

14 REEMPLAZA las palabras subrayadas por el pronombre.

Luis preparó una paella exquisita para sus invitados.
Luis les preparó un paella exquisita. (Ejemplo)

1. Andrés y Jorge dijeron toda la verdad a su abogado. ______________________
2. Miriam prestó su carro a la secretaria para ir al médico.______________________
3. El juez leyó la sentencia a los dos acusados. ______________________
4. Miguel envió una invitación para ti y para mí. ______________________

15 LEE el siguiente texto. Luego ESCRIBE a qué se refiere cada pronombre.

Hola, Lisa,

1 ¿**Te** conté que estuve el fin de semana pasado en la Feria Internacional del Libro? Fui con
2 mis dos hijos, Carlos y María, y **les** encantó. Además se portaron muy bien. Visitamos el
3 pabellón de niños y se divirtieron mucho. Les compré un excelente libro de cuentos de los
4 hermanos Grimm. A María **le** encanta Blanca Nieves; es su personaje favorito. Y lo que
5 más **me** sorprendió fue que Carlos hizo un dibujo de esta historia y se **lo** regaló. Me
6 encanta su sensibilidad. También me compré una selección de obras de Borges: para ti,
7 compré una novela de Héctor Abad. Sé que te va a gustar. Mañana **nos** vemos y te
8 **la** entrego.

Hasta pronto,
Jairo.

El pronombre **te** en la línea (1) se refiere a...	________	1. Lisa y Jairo
El pronombre **les** en la línea (2) se refiere a...	________	2. Dibujo
El pronombre **le** en la línea (4) se refiere a...	________	3. María
El pronombre **me** en la línea (5) se refiere a...	________	4. Lisa
El pronombre **lo** en la línea (5) se refiere a...	________	5. Jairo
El pronombre **nos** en la línea (7) se refiere a...	________	6. Novela
El pronombre **la** en la línea (8) se refiere a...	________	7. Carlos y María

16 ELIGE la opción correcta.

1. __le__ compré las boletas a Lucas.
   a. la **b.** lo **c** .le
2. ¿Paula __te__ envió el correo?
   a. te **b.** los **c.** la
3. ¿Quién __les__ contó a ellos?
   a. los **b.** nos **c.** les
4. ¿__le__ diste el mensaje a Carmen?
   a. la **b.** le **c.** lo
5. Nosotros no __les__ mostramos las fotos a nuestros amigos.
   a. nos **b.** les **c.** los

17 CAMBIA el pronombre del complemento indirecto según la información en paréntesis.

Yo te pedí el favor. (a ella) Yo le pedí el favor a ella. (Ejemplo)

1. Julián le mandó una postal a Eva. (a mí) ______________________
2. Yo les pregunté la hora a las chicas. (a ti) ______________________
3. Nosotros te dimos el dinero. (a él) ______________________
4. Ella les avisó a ellos. (a nosotros) ______________________
5. ¿Tú me hiciste la traducción? (a ellos) ______________________

Aprendamos sobre...

...historia Latinoamericana

Cartagena de Indias: un tesoro colonial

Cartagena de Indias fue un lugar estratégico durante la época colonial por ser uno de los principales puertos de América para el comercio y el tráfico de esclavos africanos.

Su primer nombre fue el de Golfo de Barú, pero en 1503, los reyes españoles la nombraron "Bahía de Cartagena", por su semejanza con la Cartagena de Levante en España.

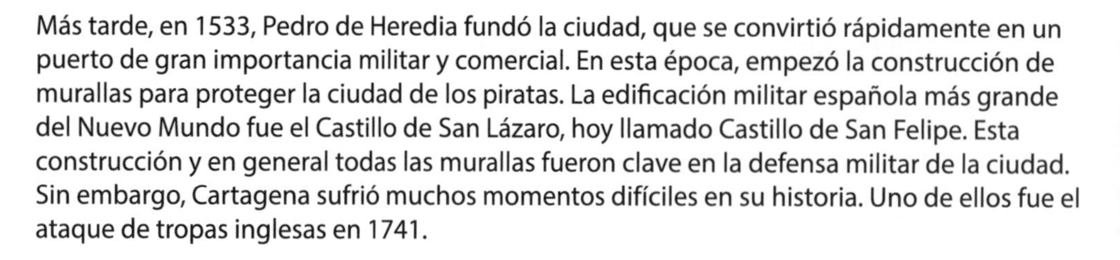

Más tarde, en 1533, Pedro de Heredia fundó la ciudad, que se convirtió rápidamente en un puerto de gran importancia militar y comercial. En esta época, empezó la construcción de murallas para proteger la ciudad de los piratas. La edificación militar española más grande del Nuevo Mundo fue el Castillo de San Lázaro, hoy llamado Castillo de San Felipe. Esta construcción y en general todas las murallas fueron clave en la defensa militar de la ciudad. Sin embargo, Cartagena sufrió muchos momentos difíciles en su historia. Uno de ellos fue el ataque de tropas inglesas en 1741.

Años más tarde, la ciudad logró su independencia de España el 11 de noviembre de 1811. Pero, cuatro años después, las tropas españolas trataron de reconquistarla. Los cartageneros padecieron durante tres meses hambre y enfermedades, pero resistieron con valentía; por esta razón, la ciudad recibió el título de "Ciudad Heroica".

La ciudad tuvo igualmente gran importancia para La Iglesia Católica. Aquí se estableció la sede principal de la Inquisición, que permaneció en la ciudad hasta 1821. Ahora, la edificación donde funcionó la Inquisición es un museo y muestra el estilo de la arquitectura de la Cartagena de Indias del siglo XVII.

Practiquemos

18 ELIGE la opción correcta.

1. La ciudad de Cartagena fue el principal puerto __________ y de tráfico de esclavos que tenía España en América en la época de la Colonia.
   a. comercial **b.** colonial **c.** turístico

2. Los españoles le dieron al golfo de Barú el nombre de ________________.
   a. Cartagena de Levante **b.** Bahía de Cartagena **c.** Castillo de san Lorenzo

3. ____________________________fue muy importante como base militar y por su arquitectura.
   a. El Castillo de San Felipe **b.** Pedro de Heredia **c.** Cartagena de Levante

4. El palacio de la __________ en Cartagena es una muestra de la arquitectura del siglo XVIII.
   a. iglesia **b.** inquisición **c.** ciudad

Escribamos

19 LEE y ENCUENTRA las palabras que sobran en cada línea.

Hedda y Mikkel tomaron un barco de Puerto Colón, Panamá, a Cartagena.
Al llegar a Cartagena, Hedda no se angustió mucho porque su equipaje no — 1. _no_
apareció. Para compensarla por este inconveniente, la compañía naval la le dio — 2. ______
dinero para comprar ropa. Así que y no tuvieron que modificar sus planes: — 3. ______
pasearon por la Ciudad Vieja, visitaron el Castillo de San Felipe y fueron a de — 4. ______
compras. Por suerte, la empresa transportadora nos encontró finalmente el — 5. ______
equipaje de Hedda. Luego después la llamaron y le explicaron el error. — 6. ______

20 UNE el verbo con su complemento. ESCRIBE el número

1. Haber ______ a una fiesta de gala.
2. Tomar ______ la cabina del capitán.
3. Conocer ______ en las terrazas de la popa del barco.
4. Visitar ______ una tormenta.
5. Divertirse ______ pánico porque las olas golpeaban con fuerza contra la proa.
6. Asistir ______ por fin a Cartagena de Indias.
7. Sentir ______ una pequeña isla cerca de las costas de Colombia.
8. Llegar ______ mucho sol en las piscinas del barco.

21 ESCRIBE. ELIGE una de las dos opciones.

Opción 1 NARRA lo sucedido a Hedda y Mikkel en el viaje de Puerto Colón a Cartagena de Indias. USA los eventos del ejercicio anterior.

Opción 2 NARRA una experiencia de viaje personal. INCLUYE detalles sobre el itinerario, cómo fuiste, cómo estuvo el viaje, con quién fuiste, qué hiciste, qué compraste, cuánto tiempo estuviste, personas que conociste, lugares que visitaste, razón del viaje, etc.

...Usar el idioma para:

A. Contar sobre experiencias pasadas

1. COMPLETA con el Pretérito perfecto simple.

Mis últimas vacaciones fueron inolvidables. Mis amigos y yo __________ **(1. estar)**una semana en Cartagena.
Nos ____________ **(2. divertirse)** mucho: __________ **(3. hacer)** un paseo en coche, __________ **(4. andar)** por la Ciudad Vieja, conocimos el Castillo de San Felipe, pero no __________ **(5. poder)** ir a las Islas del Rosario porque __________ **(6. tener)**un problema con los tiquetes. Nos pasó algo muy gracioso. En un restaurante, Angela __________ **(7. pedir)** un plato exótico, pero cuando el mesero lo __________ **(8. traer)**, ella le dijo: "Ese pulpo parece vivo, me está mirando." Todos nos __________ **(9. reírse)**. El mesero, muy amable, le cambió el plato. El último día fue fenomenal. Nos bañamos en el mar, montamos en "chiva" y, en la noche, la administración del hotel __________**(10. hacer)** una fiesta y nos ________ **(11. dar**) una serenata de despedida.

B. Narrar acciones pasadas

2. RESPONDE. ¿Qué hiciste el fin de semana pasado?

1. El viernes en la noche, ____________________
2. El sábado por la mañana, ____________________
3. El sábado en la noche, ____________________
4. El domingo por la noche, ____________________

C. Referirnos a alguien o algo

3. RESPONDE. USA el pronombre de objeto indirecto apropiado.

1. A: ¿Qué _____ trajiste del viaje a tu hermano?
   B: _____ traje una camiseta.
2. A: ¿Quién _____ envió la información? (a ti)
   B: _____ la envió la agencia de viajes.
3. A: ¿Cuánto dinero _____ prestaste a tus amigos?
   B: 200 euros.
4. A: ¿Por qué no _____ entregaron las maletas? (a ustedes)
   B: Porque las dejaron en Panamá.
5. A: ¿Cómo _____ pareció el paseo por la ciudad? (a ustedes)
   B: _____ encantó.

...Sobre el idioma:

4. ELIGE la opción correcta.

1. Yo ya _____ mis maletas.
   a) empacó b) empaqué c) empacaste
2. Ellos no _____ la guía de viajes
   a) leiste b) leímos c) leyeron
3. ¿Qué_____los guías ayer?
   a) dijeron b) dijisteis c) dicen
4. Carlos y Andrea _____por la playa anoche.
   a)andan b) andamos c) anduvieron
5. ¿Qué_____ él en el restaurante?
   a) pides b) pidió c) pedí

... Sobre Hispanoamérica:

5. ELIGE la opción correcta.

1. Año en que se independizó Colombia de España:
   a) 1810 b) 1533 c) 1821
2. La capital de Colombia es:
   a) Medellín b) Cartagena c) Bogotá

Puntaje: ____ /27

Capítulo

TRADICIONES Y COSTUMBRES 9

Repasemos

1 LEE la siguiente anécdota. En cada línea hay un error. SEÑALA los errores y ESCRIBE a la derecha la forma correcta.

Hace dos años hago un viaje a Estados Unidos, pero no pude salir en la fecha programada. Días antes preparé todo: compré los tiquetes, empacó las maletas ¡y hasta tuve varias fiestas de despedida! El día del viaje me levantamos muy temprano, pido el taxi, me despedí de todos los de mi familia; llegué con mucho tiempo de anterioridad al aeropuerto y pagaba los impuestos. Recuerdo que mi novia fue a despedirle.
Cuando llegué a la taquilla de la aerolínea, la empleada me pedí el pasaporte. Cuando se la entregué, lo miró y me dijo: "este pasaporte está vencido". Yo no lo pude creer, me puse muy furioso. Mi novia me miraron y se rió de mí. Después de un instante, me reírse con ella.

1. _hice_ (Ejemplo)
2. ________
3. ________
4. ________
5. ________
6. ________
7. ________
8. ________
9. ________
10. ________

2 MARCA con una X la palabra que no corresponde.

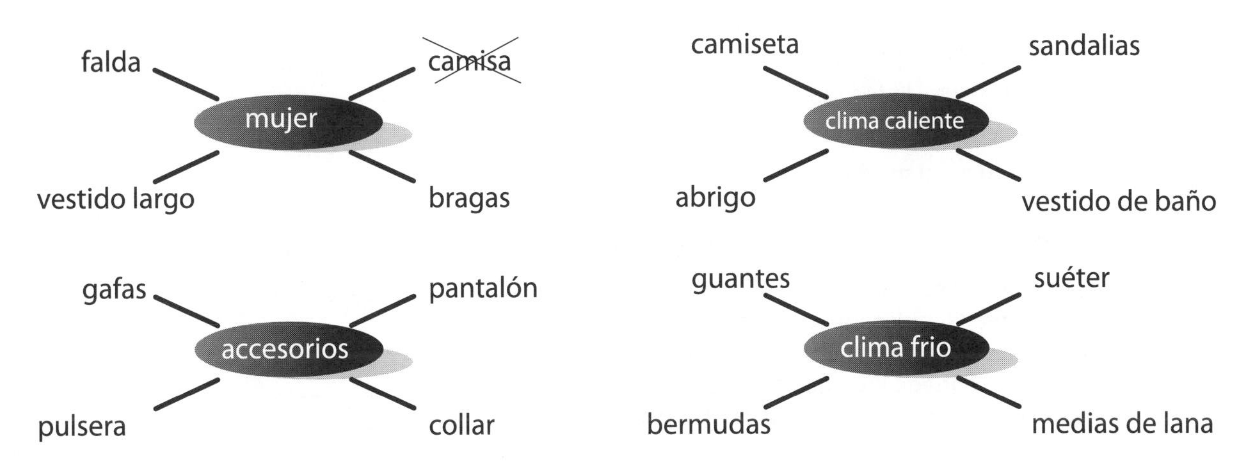

Historieta Viajeros: Un emocionante viaje a la selva.

3 ELIGE la opción correcta, según la historieta del texto guía (página 30).

1. Hedda y Mikkel decidieron ir a Nuquí para conocer el Pacífico colombiano y sus maravillosas ballenas. Ellos viajaron…
   a. por aire **b.** por mar **c.** por carretera.
2. Hace unos años, __________ se perdió en la selva cuando estaba en un viaje de trabajo con unos colegas.
   a. Mikkel **b.** Carmen **c.** Hedda
3. Cuando era muy joven, __________ soñaba con lugares deslumbrantes como Nuquí.
   a. Carmen **b.** Hedda **c.** Mikkel
4. Hedda ______________ participar en el seminario de Geopolítica en la U. EAFIT.
   a. no quiso **b.** no pudo **c.** va a
5. La investigación sobre el tesoro se está realizando en….
   a. Colombia **b.** Panamá **c.** Ecuador

Te la envió Elena

Referirse a personas y cosas ya mencionadas

4 ELIGE la opción correcta.

1. (Me lo / Lo me) contó un periodista
2. Ella (nos la / nos les) entregó esta mañana
3. ¿Tus llaves? (se las / te las) di esta mañana, ¿recuerdas?
4. ¿Cuándo (le los / se los) compraste?
5. ¿Los zapatos de Jorge? Ayer (se los / se las) entregué a él.

5 ¿A qué se refiere cada palabra? ESCRIBE en el paréntesis la letra correcta.

La profesora(a) vendió el diccionario(b) a Dora(c) — *Ella(a) se(c) lo(b) vendió* (Ejemplo)

1. El mensajero(a) trajo la carta(b) a Luisa(c). — Él( ) se( ) la( ) trajo.
2. Ana(a) dijo su secreto(b) a mí(c). — Ella( ) me( ) lo( ) dijo.
3. Los niños(a) enviaron los mensajes(b) a Clara(c). — Ellos( ) se( ) los( ) enviaron.
4. La secretaria(a) imprimió el informe(b) para nosotros(c). — Ella( ) nos( ) lo( ) imprimió.
5. Entregué(a) las galletas(b) al niño(c). — Yo( ) se( ) las( ) entregué.

6 ORGANIZA las oraciones.

me / Ellos / dijeron / lo : *Ellos me lo dijeron* (Ejemplo)

1. traemos / las / Nosotros / te ____________________
2. mandé / Yo / lo / te / ya ____________________
3. mañana / enviaban/ Ellas / lo / cada /nos ____________________
4. te / la / correo / Ellos / por / mandaron ____________________
5. a / Él / los / mañana / te / va / comprar ____________________

7 REESCRIBE como en el modelo

El niño les lanzó la moneda a ellas. El niño se la lanzó. (Ejemplo)

1. El niño les lanzó las monedas a ellas. ____________________
2. El papá compró un ordenador para nosotras. ____________________
3. Las secretarias le entregaron el regalo al jefe. ____________________
4. La secretaria le entregó los regalos al jefe. ____________________
5. Nosotros compramos un televisor para el papá. ____________________

8 RESPONDE con pronombres de objeto directo e indirecto.

A: ¿Dónde compraste el libro para tu novio?
B: Se lo compré en la universidad. (Ejemplo)

1. A: ¿Le enviaste el correo a Manuela
   B: Sí, ____________ envié esta mañana.
2. A: ¿Quién te regaló esa blusa?
   B: ____________ regaló Diego.
3. A: ¿Cuándo nos firmaste los documentos?
   B: ____________ firmé anoche.
4. A: ¿Ya me trajiste el diccionario?
   B: Sí, ____________ traje esta mañana.
5. A: ¿Les pagaste la matrícula a los nuevos estudiantes?
   B: No, no ____________ pagué porque dejé la tarjeta de crédito.

Las costumbres eran diferentes

Expresar costumbres en el pasado

9 ELIGE la opción correcta.

1. Mi abuelo siempre me __________ muchas historias de cuando él era joven
   a. contaba
   b. contabas
   c. contó

2. Todas las tardes __________ a jugar a casa de mi tía.
   a. estábamos
   b. íbamos
   c. queríamos

3. Pablo __________ béisbol todos los días cuando estaba en el colegio.
   a. entreno
   b. entrenaba
   c. entrenó

4. Mi hija __________ en el coro de la Iglesia todos los domingos.
   a. cantaba
   b. cantó
   c. canté

10 COMPLETA con la forma correcta del verbo en pretérito imperfecto.

ser estar pensar escapar encantar escuchar saber ir llegar

De niño, yo (1)______________ muy aficionado al fútbol. Yo (2)______________ que a todo el mundo le gustaba el fútbol. En las tardes, me (3)______________ de clases para ir a los partidos en la cancha del barrio. Luego, (4)______________ a casa y seguía hablando de fútbol. Yo (5) ______________ los nombres de todos los jugadores más importantes de la época.
Mi abuela siempre (6)______________ muy enojada conmigo, porque yo sólo quería jugar. Además, me (7) ______________ ver entrenar a los equipos. También (8)______________ los programas de fútbol en la radio. Afortunadamente, a mi papá también le gustaba y con frecuencia (9) ______________ juntos al estadio.

11 ELIGE la opción correcta.

1. ¿Tú __________ en clase cuando la profesora se cayó?
   a. estuviste
   b. estabas
   c. estás
2. No me __________ muy bien; por eso no fui a clase.
   a. siento
   b. sentíamos
   c. sentía
3. Cuando miré el reloj, __________ las seis en punto.
   a. fue
   b. eran
   c. eras
4. Tú __________ razón: el examen es hoy.
   a. tenía
   b. tuviste
   c. tenías
5. Los estudiantes __________ muchas preguntas antes del examen.
   a. tenían
   b. tenías
   c. necesitábamos
6. Miramos alrededor: no __________ nadie.
   a. hubo
   b. había
   c. sería

El día estaba soleado

Describir las circunstancias o el contexto en el pasado

12 LEE el siguiente artículo de Worldtraveller.com, una revista electrónica de relatos de viaje y turismo, y ELIGE la forma correcta del verbo.

El año pasado, (1) a Colombia, al Carnaval de Barranquilla, que es uno de los carnavales folclóricos más importantes del mundo. De hecho, en 2003, la UNESCO (Organización para la Cultura de las Naciones Unidas) lo (2) "Patrimonio Cultural de la Humanidad".

Allí (3) a muchos extranjeros y, en especial, me hice muy buen amigo de una danesa y un chino. También conocí gente de otros países que, con frecuencia, (4) año atrás año al carnaval. La experiencia fue muy divertida, excepto porque (5) un pequeño accidente: me (6) un dedo del pie. Mientras (7) en uno de los desfiles más importantes, tropecé con una escala y mi dedo pequeño se fracturó. Uno de mis amigos me (8) a un centro médico cercano. Los otros se divertían, bailaban y tomaban ron, una bebida local. Y sucedió que mientras la enfermera me (9), me desmayé del dolor. La enfermera no me (10) poner anestesia porque yo (11) muy borracho.
Cuando desperté, después de dos horas, la enfermera todavía (12) conmigo. Me cuidaba con mucho esmero. Realmente me encantó por su ternura y belleza. Le (13) su número de teléfono y la invité a salir un par de veces. Durante las dos semanas siguientes, en las tardes (14) a conocer la ciudad, a comer, y... ¿saben qué? me enamoré de ella y espero volver a verla en el próximo carnaval. Como ven, una situación difícil, se (15) en algo muy significativo para mí.

1. viajé / viajaba /viajo
2. declaraba / declaró / declararon
3. conozco /conocí / conoció
4. va / fue / iba
5. tuve / tuvo / tenía
6. quebraba / quiebro / quebré
7. estábamos / estuvimos /estaban
8. acompañó / acompañaba / acompañé
9. atendí / atendía / atiendo
10. pudo / pude / puedo
11. estaba /estuve / estuvo
12. estuvo / estaba / estábamos
13. pedí / pidió / pedía
14. salimos / salíamos / salieron
15 convertía / convirtió / convertías

13 OBSERVA y DESCRIBE la vida de Miguel cuando estudiaba en Guayaquil.

______	______	______	______

14 Y tú, ¿cómo era tu vida cuando eras estudiante? ESCRIBE una corta descripción.

Cartagena es más caliente que Medellín

comparar

15 **ORGANIZA las siguientes oraciones.**

1. interesante / más / campo / es / que / la / El / ciudad. ______
2. que / Cartagena / más / caliente / es / Medellín. ______
3. es / Daniel / Pedro / mayor / que. ______
4. mejor / Ana / Tu / carro / que / de / es / el. ______
5. región / tradicional / como / Esta / tan / esa / es. ______
6. La playa de Cartagena / de / hermosa / es / que / la playa de Santa Marta / igual. ______
7. Esta / antiquísima / iglesia / es. ______

16 **COMPARA las líneas A, B, C y D. USA *más… que, tan… como, menos que, la más…***

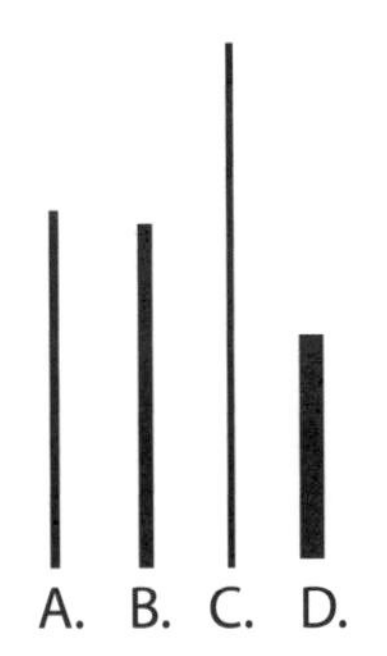

Características: *gruesa / delgada, corta / larga.*

______

17 **ESCRIBE oraciones con el grado superlativo de los adjetivos. USA la forma *–ísimo y el pretérito imperfecto.***

Modelo: (alto): *Yo vivía en un edificio alt**ísimo***

1. (bella) ______
2. (veloz) ______
3. (rico) ______
4. (responsable) ______

18 **ESCRIBE el medio de transporte y el adjetivo indicado para hacer oraciones completas.**

barato/económico saludable caro/costoso ~~cómodo~~ incómodo
lento seguro peligroso bueno malo rápido

1. *El tren* es tan *cómodo* como *el avión*. (Ejemplo)
2. ______ es igual de ______ que ______.
3. ______ es menos ______ que ______.
4. ______ es más ______ que ______.
5. ______ es ______ que ______.

Aprendamos sobre...

...direcciones y divisiones de calles en Colombia

LEE

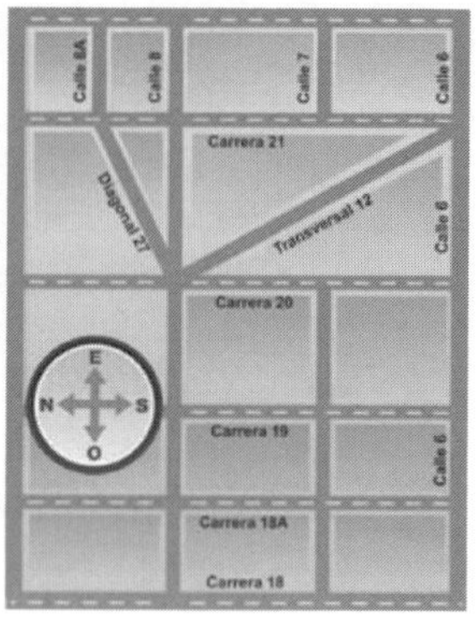

Si visitas Colombia o ya estás allí, no te vas a sentir perdido si entiendes cómo están organizadas las direcciones y calles de las ciudades.
En su mayoría, las calles y manzanas, también llamadas cuadras, están diseñadas en forma de cuadrículas o cuadrados, aunque algunas veces el terreno no lo permite. La numeración de las calles y las carreras dependen de la dirección o ubicación: los números de las calles aumentan en dirección sur- norte y los números de las carreras aumentan en dirección este-oeste. Además, algunas calles tienen también nombre. Por ejemplo, en Medellín, la calle número 49 también tiene el nombre de Ayacucho.

De esta manera, la dirección de una casa o un establecimiento comercial consta de dos partes:

1. El número de la calle donde está la casa.
2. El número en la puerta de la casa, que indica el número de la carrera o calle de intersección, más la distancia en metros desde esta intersección.

Ejemplo: ***calle 49 # 36-05.*** Esto significa que esta casa está ubicada en la calle 49, a cinco metros de la esquina con la carrera 36.

Generalmente, la carrera se abrevia Cra., K. o Cr., y las calles, Cll., Cl. o C.

Comprensión

19 UBICA las siguientes direcciones en el mapa

1. Cra. 7 # 32-15
2. Cll. 34 # 9-02
3. Cll. 33 # 12-06
4. Cr. 8 # 11-22

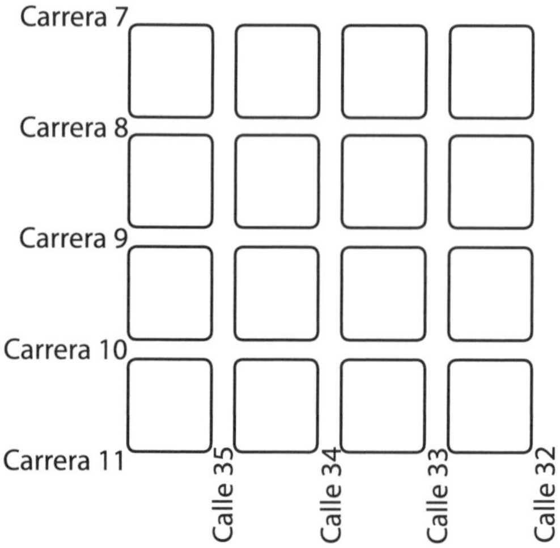

Carrera 7
Carrera 8
Carrera 9
Carrera 10
Carrera 11
Calle 35
Calle 34
Calle 33
Calle 32

20 ELIGE F para falso, V para verdadero o NI si no hay información, según el texto.

	V	F	NI
1. En las ciudades de Colombia, todas las cuadras tienen forma de cuadrado.____	☐	☐	☐
2. Algunas calles solo tienen nombre.______	☐	☐	☐
3. El número de la puerta 14 – 18 significa que la casa está a 14 metros de la intersección de la Cl. y la Cra. 18.	☐	☐	☐
4. La palabra Ayacucho quiere decir calle del oeste. _______	☐	☐	☐

Escribamos

21 ELIGE una palabra apropiada para cada actividad correspondiente.

1.	~~Competencias~~	familiares	1. *competencias deportivas* (Ejemplo)
2.	películas	de moda	2. ______________
3.	paseos	escolares	3. ______________
4.	bailes	cómicas	4. ______________
5.	reuniones	~~deportivas~~	5. ______________

22 RESPONDE

¿Cuáles de estas actividades realizabas cuando eras **un(a) niño(a) o cuando eras adolescente**?
HAZ oraciones.

(hacer) *cuando era niño(a) hacíamos* ***competencias deportivas*** (Ejemplo)

1. (ir) ______________________________
2. (participar en) ______________________________
3. (ver) ______________________________
4. (asistir a) ______________________________

23 RECUERDOS. Elige una de las siguientes opciones:

Opción 1 **ESCRIBE un párrafo corto sobre tu adolescencia. Las siguientes preguntas te sirven de guía.**

¿Dónde vivías cuando eras adolescente? ¿Cómo era tu barrio/ciudad? ¿Quiénes eran tus mejores amigos? ¿Cuáles eran tus actividades favoritas? ¿Cómo era tu familia/tu casa? ¿Cómo eras tú?

Opción 2 **ESCRIBE una corta composición sobre unas de tus vacaciones cuando eras niño(a) ¿Qué hacías en tus vacaciones cuando eras niño?**

Ahora sé...

...Usar el idioma para:

A. Narrar acciones habituales

1. La vida de Esteban ha cambiado mucho. LEE cómo es su rutina ahora e IMAGINA cómo era antes de casarse.

Esteban se levanta todos los días a las 5:30 a.m. para ir a trabajar, pero cuando estaba soltero, ________________(1).
Antes ___________________________(2) los sábados por la noche, pero ahora sale a comer con su familia. De soltero,
___________________________________(3), ahora que está casado, sólo va al gimnasio los domingos en la mañana.
Esteban vive más relajado actualmente porque no tiene que preocuparse por las labores de la casa. Antes de casarse, ________________ ______________(4).
En su juventud, ________ _____________________(5), pero hoy en día, ahorra todos los meses para la educación de sus hijos.

B. Referirse a personas y cosas

2. COMPLETA con los pronombres de objeto directo e indirecto.

1. A: Tienes un vestido muy bonito.
   B: ¿Te gusta? ____ _____ regaló mi novio.
2. A: ¿Me prestas tu diccionario de español?
   B: Lo siento, pero ____ _____ presté a Camilo.
3. A: ¿Encontraste mis documentos?
   B: Sí, ____ _____ entregué a la secretaria.
4. A: No puedo escribirte porque no tengo tu dirección.
   B: Eso no es problema. Ahora mismo ____ _____ doy.
5. A: ¿Quién les revisó el examen a ustedes?
   B: ______ _____ revisó el profesor Gómez.

C. Comparar

3. ORGANIZA las oraciones.

1. famosa/cantante/colombia/más/Shakira/de/la/ es

____

____

2. menos/nosotros/las/buscábamos/costosas/ siempre/tarifas

____

____

3. el/de/estudiante/clase/era/Luis/la/mejor

____

____

4. de/Ayer/el/vida/fue/día/mi/peor

____

____

5. más/película/de/queríamos/reciente/nosotras/ Almodóvar/ver/la

____

____

4. USA la forma comparativa apropiada.

1. La tarifa del Hotel Jardín Plaza es _________ que la del Hostal Las Palmas. (alta)
2. El servicio en el restaurante fue __________ que en el hotel. (malo)
3. Estos zapatos son muy bonitos y el precio es _________. (pequeño)
4. Los cuadros que hice el año pasado fueron _________ que los de este año. (bueno)
5. Camila tiene 25 años y Manuela, 20. Manuela es ____________ que Camila. (joven)

...Sobre el idioma:

5. ELIGE la opción correcta.

1. Para describir características pasadas y hablar sobre acciones habituales, en español usamos pretérito:
a. perfecto simple b. Imperfecto

2. SE reemplaza a le y les cuando:
a. los pronombres de objeto indirecto y directo van juntos. b. el pronombre de objeto indirecto está solo.

... Sobre Hispanoamérica:

6. COMPLETA

1. La Feria de las Flores es un importante evento cultural de la ciudad de _____________ .
2. Los _____________ representan a los campesinos que cultivan flores.
3. Los habitantes de Antioquia son conocidos como ___________.

Puntaje: | **/25**

Capítulo

HISTORIAS Y LEYENDAS

Repasemos

1 **ELIGE la opción correcta.**

1. Entré a un pueblo pequeño. Las calles _________ estrechas y las casas antiguas.
   a. fueron b. eran c. estaban
2. Cuando ________ niño, siempre ______ a casa de mi abuela todos los fines de semana.
   a. fui/fui b. era/fui c. era/iba
3. De pequeños, mis amigos y yo __________ gimnasia por las tardes en el patio de la casa.
   a. hacíamos b. hicimos c. hice
4. El día que cumplí 15 años fue el _________ día de mi vida.
   a. bueno b. mejor c. buenísimo
5. Carlos Mario mide 1 m 87 y su hermano Esteban mide igual que él. Él es __________ su hermano.
   a. más alto que b. menos alto que c. tan alto como

2 **RESPONDE. USA los pronombres de objeto directo o indirecto.**

A: *¿Cuándo le enviaste el correo a Catalina?*
B: *Se lo envié anoche* (Ejemplo)

1. A:¿Quién te reservó los tiquetes?
   B: ______ ______ reservó la secretaria.
2. A:Cuándo les tomaron a ustedes esta foto?
   B: ______ ______ tomaron hace dos meses.
3. A: ¿Ya pagaste las camisetas?
   B: No, Carlos está pagando______.
4. A: ¿Quién les compró esos zapatos a los niños?
   B: ______ _______ compró el Niño Dios.
5. A:¿Quién les contó esa leyenda a los turistas?
   B: ______ _______ contó el abuelo de Paco.

Historieta Viajeros: Unas pistas muy extrañas

3 **ELIGE la opción correcta, según la historieta del texto guía (página 44).**

1. Hedda y _______ encontraron una carta de Don Máximo Quesada.
   a. Hedda **b.** Mikkel **c.** Carmen **d.** Inger
2. ______ va a recibir la carta de Don Máximo Quesada.
   a. Hedda **b.** Mikkel **c.** Inger **d.** David
3. La carta la escribió don Máximo Quesada para la abuela de ______.
   a. Hedda **b.** Mikkel **c.** Carmen **d.** Inger
4. _____ no creía en la historia del tesoro.
   a. Hedda **b.** Mikkel **c.** Carmen **d.** David

Cuando salía, me encontré con él

Expresar acciones pasadas simultáneas

4 LEE y DECIDE cuál acción empezó primero y cuál después. Escribe 1 ó 2 en la casilla.

Cuando bajaba las escaleras, encontré una billetera.
a. [2] Encontrarse una billetera b. [1] bajar las escaleras

1. Mientras conducía a casa, Susana me llamó.
   a. [ ] conducir b. [ ] llamar
2. Ellos jugaban cartas cuando escucharon el lamento de una persona en la calle.
   a. [ ] jugar b. [ ] escuchar
3. Ya salíamos, cuando llegó el jefe.
   a. [ ] salir b. [ ] llegar
4. Cuando tenía veinte años, compré mi primer carro.
   a. [ ] tener b. [ ] comprar
5. Cuando nos escapábamos, nos encontramos con el jefe.
   a. [ ] escapar b. [ ] encontrarse

**5 OBSERVA el orden de las acciones y ESCRIBE oraciones como en el ejemplo.
USA *cuando o mientras.***

a. [1] ir para la playa b. [2] conocer a Julia
Cuando iba para la playa, conocí a Julia (Ejemplo)

1. a. [1] trabajar en la Universidad b. [2] casarse
   ____
2. a. [1] ser niña b. [2] romperse un brazo
   ____
3. a. [1] hablar por teléfono b. [2] sonar la alarma de mi carro
   ____
4. a. [1] estar en la playa b. [2] empezar a llover
   ____
5. a. [2] caerse los platos b. [1] servir la cena
   ____

6 REESCRIBE la historia en pasado.

Hoy mi amiga Susana va para un viaje a Venezuela. Como no quiere volar, decide tomar un bus. Mientras compra el billete, en la terminal de Bogotá, se encuentra con su ex novio. Él va para Cúcuta, una ciudad colombiana en la frontera con Venezuela. Entonces, viajan juntos gran parte del trayecto. El viaje de Susana toma cerca de 24 horas. Durante todo el viaje hablan sobre su relación pasada y el buen tiempo que pasaron juntos cuando eran novios. Es un encuentro muy agradable. Cuando llegan a Cúcuta y él se baja, ambos sienten una nostalgia.
Ayer mi amiga Susana se fue para…______________________________

Los estudiantes estaban gritando

Describir acciones pasadas en progreso

7 DESCRIBE qué estaba haciendo cada persona cuando empezó el noticiero. USA los siguientes verbos: *oir, leer, dormir y servir.*

1. ______________________________
____
2. ______________________________
____
3. ______________________________
____
4. ______________________________
____

8 COMPLETA con uno de los verbos del cuadro. *USA estaba + gerundio.*

salir - comprar - vivir -decir - imprimir - trabajar - hablar - dormir - limpiar - llover

1. En ese tiempo, ella ________________ en una compañía de teatro, pero ahora está dedicada a su hogar.
2. Mientras Pablo dormía, nosotros ________________ el apartamento
3. Cuando yo llegué, ella ________________por teléfono.
4. Cuando Miriam me llamó, yo ________________ de la casa.
5. Cuando Rosario llegó, nosotros ________________ el trabajo.
6. Sofía ________________ en la terraza y Víctor la despertó.
7. ¿Dónde ________________ tus padres por ese tiempo?
8. Óscar y Carmen ________________ los regalos de navidad para su familia.
9. ¿Qué ________________ el historiador sobre la cultura Muisca?
10. No salimos anoche porque ________________.

9 COMBINA la parte A con la parte B y CUENTA qué les sucedió a algunos de tus amigos. IMAGINA el final.

A	B
Conducir a casa	~~Sentir~~
Bañarse	Oír
Casarse con	Caerse
Tratar de dormir	aparecer
~~Ver una película~~	Llegar

¿Qué pasó después?

Natalia estaba viendo una película de terror. De repente sintió una mano en la espalda. Se asustó mucho, pero cuando vio que era su novio, se tranquilizó. (Ejemplo)

1. ____
2. ____
3. ____
4. ____

Fue algo nuevo para mí

Hacer referencia a otras personas

10 ELIGE la opción correcta.

1. Sara estudió con ___
   a. yo **b.** migo **c.** me
2. Julia trabajó con _____ en Cartagena
   a. él **b.** yo **c.** tú
3. Ellos me hablaron mucho de_____.
   a. tú **b.** ti **c.** te
4. ¿El portero trajo algo para ______?
   a. mí **b.** yo **c.** migo
5. ¿Juan estuvo con____ en el concierto?
   a. ti **b.** te **c.** tigo

11 RESPONDE y REEMPLAZA por un pronombre.

A: ¿Con quién viniste a la fiesta?
B: (venir/Gabriel y Luis)___***Vine con ellos.***___ (Ejemplo)

1. A: ¿Para quién era el regalo que llevaba Sandra?
   B: (ser/tú) ________________________________
2. A: ¿Ese cliente quería hablar con Carlos?
   B: (querer/yo) No,____________________________
3. A: ¿A quién estabas llamando?
   B: (llamar/Ana y a ti)__________________________
4. A: ¿Hiciste eso por mí?
   B: (hacer/tú) Sí, lo ___________________________
5. A: ¿Fuiste con Laura e Isabel al castillo?
   B: (ir/sin) No,______________________________ porque no llegaron a tiempo.

12 María Clara está aprendiendo a hablar y todavía comete muchos errores. LEE y CORRIGE si es *necesario.*

1. Anoche cuando mi papá llegó, mi hermanita estaba jugando con yo _____.
2. ¿Puedo ir con tú? _____.
3. Yo quiero un helado para yo. _____.
4. Papi, ¿puedes venir por nosotras? _____.
5. ¿Puedo sentarme con ti? _____.

13 COMPLETA con los pronombres le, la, yo, te, me, le, ella, me, tú, él.

Marcela: ¿Te acuerdas de esta foto de Tony y ___?
Mónica: ¡No! ¿Dónde ____ conseguiste? ¡Me veo espantosa!
Marcela: Tony ____ la dio hace mucho tiempo. A propósito, has vuelto a hablar con ____?
Mónica: Sí. Con frecuencia ____ escribo por correo electrónico. Ahora está viviendo en Bogotá.
Marcela: Luis y ____ vamos para allá la próxima semana. Tienes que dar____ su dirección. Voy a llevar____ esta foto. Se va a reír montones!
Mónica: Claro que sí. Oye, ¿ ____ conté que Sofía y Álex se separaron?... o mejor, él se separó de ____ ...

¡Estoy de acuerdo contigo!

Narrar historias

14 COMPLETA con la preposición correcta.

a con de en

1. Olvidarse _____
2. Divertirse ____
3. Dejar ____
4. Comenzar, empezar ____
5. Pensar _____
6. Consistir ____
7. Ayudar ____
8. Casarse ____
9. Negarse _____
10. Oponerse ____
11. Aprender _____
12. Volver ____
13. Acabar ____
14. Quedar ____
15. Contar ____
16. Darse cuenta ____
17. Estar de acuerdo ____
18. Tratar ____
19. Soñar _____
20. Ponerse ____
21. Enamorarse ____
22. Insistir _____
23. Aprovecharse ____
24. Alegrarse _____
25. Acordarse _____

15 COMPLETA con la preposición apropiada.

1. A: ¿Te acordaste _____ llamar a la profesora?
   B: Sí, claro, pero ella se opone ____ nuestro reingreso.

2. A: ¿Se casó Andrés ____ Luisa?
   B: Sí, él se enamoró ____ ella y no tardó en proponerle matrimonio.

3. A: Debes tratar ____ hablar con él y pensar ____ tus hijos.
   B: No, no estoy de acuerdo _____ eso. No voy a volver ___ verlo jamás.

16 COMPLETA con la preposición correcta. ESCRIBE X si crees que no necesita ninguna preposición.

Anoche recibimos una visita sorpresa de Armando. Él llegó a Cartagena porque se va a casar ___ Lucía. Entonces decidimos ___ hacer un ajiaco porque el chef nos enseñó ___ prepararlo. Pero nos dimos cuenta ___ que no había suficiente pollo en la casa, así que decidimos ___ salir a comprarlo al supermercado. Cuando llegamos al supermercado e íbamos a pagar, Armando insistió ___ pagar la cuenta. Nosotros, obviamente, no aceptamos. Pero, cuando estábamos a punto ___ pagar, nos dimos ___ cuenta de que no llevábamos ni dinero ni la tarjeta de crédito. Finalmente, el pobre Armando tuvo que pagar la cuenta ___ él mismo. Fue una vergüenza.

Aprendamos sobre...

Fraseología colombiana

Fraseología es la "parte de la lingüística que estudia las frases, los refranes, los modismos, los proverbios y otras unidades de lengua fijas" (RAE) Estas unidades le dan colorido y riqueza al idioma.
Un gran número de los dichos y refranes está asociado con partes del cuerpo, animales o la naturaleza.

17 **LEE las siguientes frases idiomáticas de la fraseología colombiana y otros países hispanoamericanos.**

Partes del cuerpo

1. En **boca** cerrada no entran moscas: callar nos puede evitar problemas.
2. **Ojos** que no ven, **corazón** que no siente: no nos afecta lo que no vemos.
3. Creerse el **ombligo** del mundo: ser muy orgulloso de sí mismo, pensar que es el más importante.
4. Echar en **cara**: reprochar.
5. Costar un **ojo** de la **cara**: valer demasiado.

6. **Perro** que ladra no muerde: persona que amenaza, pero no cumple.
7. Aquí hay **gato** encerrado: se dice cuando uno desconfía de algo.
8. Moverse como **pez** en el agua: sentirse cómodo en una situación.
9. Matar dos **pájaros** de un tiro: lograr dos objetivos de una vez.
10. Coger el **toro** por los cuernos: afrontar sin rodeos una situación difícil.
11. **Camarón** que se duerme se lo lleva la corriente: es mejor estar alerta.

Naturaleza

12. Cuando el **río** suena, piedras lleva: los rumores tienen algo de verdad.
13. No todo lo que brilla es **oro**: las apariencias pueden engañar.
14. **Llover** hasta maridos: llover muy fuerte.
15. Estar en la **luna**: estar despistado; no prestar suficiente atención.
16. Pedirle **peras** al olmo: pedir algo imposible.
17. **Árbol** que nace torcido, jamás su **tronco** endereza: es difícil cambiar la naturaleza.

Practiquemos

18 **ESCRIBE el número correspondiente.**

1. Jorge nunca sabe de lo que estamos hablando.
2. A Raúl le gusta ser el centro de atención.
3. La fiesta resultó carísima.
4. Su comportamiento es muy sospechoso.

____ Aquí hay gato encerrado.
____ Les costó un ojo de la cara.
____ Se cree el ombligo del mundo.
____ Siempre está en la luna.

19 **ORGANIZA las palabras.**

1. COBA *Boca (ejemplo)*	4. RBALO ____________
2. ROOT ____________	5. NMAAORC ____________
3. REVOLL ____________	6. NOZORAC ____________

Escribamos

Hace algún tiempo, Marcos y sus amigos fueron a acampar en una montaña de Los Andes colombianos, pero tuvieron algunas dificultades. NARRA lo sucedido.

20 DESCRIBE las condiciones o contexto.

Llover — Era una noche lluviosa (o llovía) (Ejemplo)
Relampaguear ______
Estar oscuro ______
Estar dentro de la carpa ______
Usar la luz de una linterna ______
Contar historias. ______

21 CUENTA los sucesos.

Oír un fuerte ruido — De repente, oyeron un fuerte ruido… ______
Asustarse ______
Ir a averiguar ______
Ver un árbol caído. ______
Empezar / Caer granizo. ______
Dañarse la carpa. ______

22 NARRA el fin de la historia.

Ahora la situación está así: fuerte lluvia y sin carpa. ¿Qué pasó después?

______
______
______
______
______
______
______
______
______
______

...Usar el idioma para:

A. Narrar acciones en proceso

1. ELIGE la opción correcta.

1. Anoche, mientras ________ (1.vi, veía, viendo) una película, me ________ (2.llamaba, llamando, llamó) mi madre y no pude ver el final.
2. El domingo pasado, cuando Ana y yo ________ (2.preparábamos, preparando, preparamos) el ajiaco, de repente ________ (3.cayendo, cayó, caía) un trueno muy fuerte y hubo una suspensión de energía.
3. A:¿Compraste la leche?
   B: Sí, anoche cuando ________ (4.vine, viniendo, venía) para la casa, la ________ (5.comprando, compré, compraba).

B. Expresar acciones pasadas simultáneas

2. RESPONDE con la forma correcta del verbo.

A: ¿Cómo hicieron la presentación en clase?
B: Mientras José ___________ (1.describir) los lugares, yo _________ (2.mostrar) el video.
A: ¿Entonces, tú no hablaste?
B: Sí, claro. Luego, mientras los estudiantes _________ (3.hacer) los ejercicios, yo les ________ (4.explicar) y les _______ (5.responder) las preguntas.

C.Expresar acciones pasadas en progreso

3. COMPLETA la historia con el pretérito imperfecto de *estar* + gerundio.

El sábado pasado, todos los estudiantes del curso fuimos a conocer el Cerro Monserrate, un lugar de interés en Bogotá. Cuando ____________ (1. subir), el profesor nos hablaba de la importancia de este lugar para los bogotanos. En la cima encontramos muchos turistas que ____________ (2. visitar) el lugar. Todos hacían cosas diferentes: algunos ____________ (3. probar) los platos típicos de la región, otros ____________ (4. comprar) artesanías y otros ____________ (5. orar) en la iglesia que hay en la parte más alta del cerro.

...Sobre el idioma:

4. ELIGE la preposición correcta.

1. En clase aprendemos ___ usar mejor el idioma.
   a. a **b.** de **c.** con
2. Hoy hablé ____ Lucía. No se veía muy bien.
   a. a **b.** en **c.** con
3. Pensó ____ todos los detalles.
   a. de **b.** en **c.** a
4. Tratamos ___ hablar con ella, pero fue imposible.
   a. de **b.** en **c.** a
5. Estuvimos de acuerdo ___ ellos.
   a. de **b.** en **c.** con

... Sobre Hispanoamérica:

5. ESCRIBE Falso o Verdadero.

1. Bogotá es la segunda ciudad más poblada de Colombia. _____
2. Tiene más de treinta museos. _____
3. Bogotá está al nivel del mar. ______
4. En una época, Bogotá se llamaba Nuestra Señora de la Esperanza. _____

Puntaje: | /22

Capítulo

EN BUSCA DE TRABAJO

Repasemos

1 LEE y DECIDE si en cada línea hay un error. ESCRIBE la forma correcta en la línea de la derecha.

Anoche, cuando llegué al apartamento *está* sonando el teléfono. Respondí	estaba ______	(Ejemplo)
y es mi amigo Jorge. Él estaba preparando la cena para una visita especial	__________	
y quería saber cómo hacer la salsa para un pescado. Le dije que necesitaba	__________	
tiempo para consultaba el libro de recetas. Estaba buscando el libro cuando	__________	
tocaron la puerta. Miré por la ventana, pero no hubo nadie. Llamé a Jorge y	__________	
cuando estaba hablando con él, tocaban la puerta de nuevo. Abrí y era	__________	
el niño hijo de la vecina que quería mostrarme un nuevo perrito.	__________	
Me entretuve tanto con el vecino y su perrito que olvidé que Jorge estuvo	__________	
en el teléfono y lo dejé sin terminar de contarle la receta del pescado.	__________	

2 ELIGE la opción correcta.

1. Ellos no se acordaron (en/de/a) enviar la carta.
2. El próximo lunes vamos a empezar (en/de/a) preparar el viaje.
3. Sara no se dio cuenta (con/de/a) que ellos estaban en la oficina.
4. El juez no estuvo de acuerdo (en/de/con) la declaración del sospechoso.
5. Durante mi viaje por Latinoamérica aprendí (en/de/a) hablar español.

Historieta Viajeros: Nuevas pistas

3 ORGANIZA el orden en que se dan estos eventos, según la historieta del texto guía (página 60).

___ Inger logró descifrar las pistas de la carta.
___ Jiamei se burla de la búsqueda de Inger.
___ Hedda y Mikkel encontraron una carta en la Biblioteca Nacional de Bogotá.
___ Jiamei e Inger encuentran un libro en un muro.
___ Inger envía unas fotos a su abuela.

4 UNE la descripción con el personaje.

Inger	es de origen chino.
Jiamei	llega la próxima semana a Ecuador.
Lía	No resiste una pista más.
Mikkel	piensa que su abuelo quizá le gastó una broma.
Cowley	dice poseer el "gran" secreto.

¿Has leído los clasificados?

Hablar sobre acciones pasadas relacionadas con el presente

5 **Luisa ha estado desempleada. Ahora dedica todo su tiempo a su hogar mientras encuentra un empleo. Este es su apartamento en dos momentos distintos: las 9:00 y las 11:00 AM. OBSERVA el dibujo B y DESCRIBE lo que ha hecho y no ha hecho, en relación con el dibujo A.**

USA estos verbos:

Lavar los platos lavar la ropa arreglar aspirar comer
planchar recoger bañarse cocinar guardar limpiar

Luisa ya aspiró el piso, pero no se ha bañado (Ejemplo)

1. ______________________________
2. ______________________________
3. ______________________________
4. ______________________________
5. ______________________________
6. ______________________________
7. ______________________________
8. ______________________________

6 **UNE el verbo con su forma correcta.**

abrir	vuelto
poner	escrito
romper	roto
volver	abierto
hacer	hecho
imprimir	dicho
ver	impreso
escribir	puesto
decir	visto

7 **ESCRIBE los participios pasados de los verbos en las siguientes oraciones:**

1. Yo no he __________ nada. (decir)
2. La profesora no ha _______ todavía. (volver)
3. He _______ varias veces esa película. Me encanta. (ver)
4. Ella todavía no ha _______ la carta de presentación. (escribir)
5. Sí, ya la he _________. (hacer)
6. No, no he _________ la hoja de vida. (imprimir)
7. Sí, ya los he _________. (romper)
8. No, no lo he _________ todavía. (abrir)
9. Mónica ha ________ su hoja de vida en una página de empleos. (poner)
10. David nunca ha _______ un viaje de negocios. (hacer)

Todavía no he recibido respuesta

Interactuar en una entrevista laboral

8 RESPONDE en forma negativa las preguntas con el pretérito perfecto compuesto del verbo. USA la expresión TODAVÍA para indicar que no se ha realizado la acción.

¿Encontraron ellos a David? No, no lo han encontrado todavía. (Ejemplo)

1. ¿Pudiste encontrar la linterna? No, ____________________
2. ¿Imprimiste el trabajo? No, ____________________
3. ¿Te pusiste el vestido nuevo? No, ____________________
4. ¿Apareció David? No, ____________________
5. ¿Has tenido noticias de él? No, ____________________
6. ¿Ya salieron ellos de Bogotá? No, ____________________
7. ¿Compraste los tiquetes? No, ____________________
8. ¿Recibió Rosa ya la plata? No, ____________________
9. ¿Habló usted con él? No, ____________________
10. ¿Habéis probado el café tan delicioso que hacen aquí? No, ____________________

9 RESPONDE en forma afirmativa las preguntas con el pretérito perfecto compuesto del verbo. USA la expresión YA para indicar con énfasis que se realizó la acción.

¿Terminaste la tarea? Sí, ya la he terminado (Ejemplo)

1. ¿Has ido a Buenos Aires? Sí, ____________________
2. ¿Le has dicho que es estresada? Sí, ____________________
3. ¿No trajeron la música? Sí, ____________________
4. ¿Habéis dejado el mensaje? Sí, ____________________
5. ¿Habéis comprado las medicinas? Sí, ____________________

10 LEE la lista de DEBERES de la agenda de Pablo Andrés y DESCRIBE lo que ha hecho esta mañana y lo que no. Los ~~tachados~~ ya están hechos.

1. ~~Ir al banco~~ *Esta mañana, Pablo ha ido al banco.* (Ejemplo)
2. Entregar el informe ____________________
3. ~~Devolver el libro~~ ____________________
4. Poner fax a Servitrabajo ____________________
5. ~~Reunirse con Luisa~~ ____________________
6. ~~Recoger la ropa en la lavandería~~ ____________________
7. Comprar las boletas del concierto ____________________

11 COMPLETA lAs siguientes oraciones. USA estos verbos.

romper escribir poner leer hacer entregar ir enviar

1. Escribí mi hoja de vida, pero todavía no la he ______________ .
2. Amanda no ha ______________ a clase.
3. ¿Alguna vez ______________ una hoja de vida más larga?
4. Yo nunca le he ______________ una foto a una hoja de vida.
5. No he ______________ el correo hoy. He estado muy ocupada.
6. No hemos ______________ la tarea para mañana.
7. ¿Alguna vez has ______________ una carta en español?
8. ¿Alguna vez te has ______________ un hueso?

He trabajado en distintas instituciones

Dar y extraer información de una hoja de vida

12 ELIGE la opción correcta.

1. Los __________ para conseguir un puesto de trabajo son a veces bastante exigentes.
   a. precedentes **b.** requisitos **c.** provisiones
2. Una __________ es parte decisiva en el proceso de búsqueda de trabajo.
   a. carrera **b.** prueba **c.** entrevista
3. Un __________ bien escrito debe contener toda la información profesional necesaria.
   a. currículo **b.** salario **c.** artículo
4. Una hoja de vida debe ir acompañada de una buena __________ de presentación.
   a. prueba **b.** carta **c.** nota
5. Muchos tipos de trabajos requieren de gente con muy buena __________.
   a. carrera **b.** información **c.** experiencia
6. Para algunas personas que sólo piensan en el dinero, el __________ es lo más importante de un trabajo.
   a. crédito **b.** currículo **c.** salario
7. La decisión dependerá de un __________.
   a. combate **b.** junta **c.** comité
8. Usted debe incluir tres __________ personales en su currículo.
   a. recuerdos **b.** referencias **c.** reservas

13 Mario Hernández es jefe de personal y está entrevistando a un candidato para el cargo de jefe de contabilidad. UNE las preguntas con sus respuestas. ESCRIBE el número.

1. ¿Cuál ha sido el mayor éxito en su vida laboral?
2. ¿Qué preparación académica tiene y por qué escogió su carrera?
3. ¿Qué conocimiento tiene sobre nuestra empresa?
4. ¿Qué experiencia laboral tiene y qué cargos ha desempeñado?
5. ¿Se considera capaz de trabajar bajo presión?
6. ¿Cuál ha sido su experiencia laboral más negativa y qué aprendió de ella?
7. ¿Por qué cree usted que está capacitado para desempeñar este cargo?

____ Eso hace parte de la rutina labora en este campo. Durante la crisis de la compañía, viví muchos momentos de estrés.

____ He leído sobre el posicionamiento de la empresa en el mercado, su estabilidad económica y su volumen de exportaciones.

____ Trabajé por dos años como auxiliar contable en el Banco Central y un año como contador en una multinacional.

____ Despedir a mi asistente ha sido la decisión más difícil de mi vida, pero aprendí que un cargo directivo a veces tiene que estar por encima de la opinión personal.

____ Desde mis años de colegio, me atrajo el mundo de la contabilidad y decidí estudiar Contaduría Pública, luego hice una especialización en Finanzas.

____ Durante la experiencia en la multinacional, tuve la oportunidad de dirigir el equipo que diseñó las estrategias para resolver la crisis económica más seria en la historia de la compañía.

_1_ He tenido grandes satisfacciones, pero la más significativa fue comprobar la efectividad de las estrategias en la solución de la crisis de la empresa.

Los edificios fueron construidos en 1534

Hablar de sucesos periodísticos e históricos

14 **ELIGE la opción correcta para completar los siguientes titulares.**

1. Fábrica ilegal de relojes _______ por la policía
   a. fue descubierta **b.** fue descubierto **c.** fueron descubiertas
2. _______ sanos y salvos los 33 mineros
   a. Fueron rescatados **b.** Fue rescatado **c.** Fueron rescatadas
3. Obra de arte _______ por tercera vez
   a. fue robada **b.** fue robado **c.** fueron robadas
4. Nueva biblioteca _______ en el barrio La Esperanza
   a. fue abierto **b.** fue leída **c.** fue abierta
5. Sospechoso de robo _______ por las autoridades
   a. fueron robados **b.** fue detenido **c.** fueron detenidos

15 **El computador del editor de un periódico se descompuso y mezcló las líneas de dos de las noticias correspondientes a los titulares anteriores. LEE y ORDENA las dos historias. Escribe A para la primera noticia y B para la segunda.**

A1 Una fábrica de relojes, que hacía uso de prestigiosas marcas de manera ilegal, (Ejemplo)
B1 ~~A2~~ Después de dos meses de permanecer atrapados en una mina de cobre a (Ejemplo)
___ Roja y están siendo evaluados por el personal médico.
___ doscientos metros de profundidad, los 33 mineros de la empresa CuEcuador
A2 ha sido descubierta por la policía, según ha informado el capitán Hernández.
A3 Tres directivos fueron retenidos mientras su situación legal es resuelta.
___ fueron salvados por la Defensa Civil. Inicialmente fueron atendidos por la Cruz

16 **USA la información anterior y REDACTA las dos historias.**

NOTICIA A

Titular: ______________________

____

____

____

____

____

NOTICIA B

Titular: ______________________

____

____

____

____

____

17 **CONVIERTE a la forma pasiva.**

1. Los detenidos negaron todos los cargos.
   ____
2. CuEcuador ha acompañado a los mineros en su recuperación.
   ____
3. El museo local exhibía la obra sin ninguna medida de seguridad.
   ____
4. El alcalde de la ciudad inaugura la biblioteca.
   ____
5. Las autoridades estaban interrogando a varios sospechosos.
   ____

Aprendamos sobre...

... la Unión de Naciones Suramericanas, **UNASUR**

¿Cómo nace UNASUR?

El 16 de abril de 2007 se realizan, en Isla Margarita (Venezuela), dos reuniones de gran importancia para el desarrollo latinoamericano: la Cumbre Energética de los países de América del Sur y el Diálogo Político de los Jefes de Estado y de Gobierno. Allí nace UNASUR, con el propósito de promover la integración política, social, cultural, económica, financiera y ambiental entre Argentina, Bolivia, Brasil, Chile, Colombia, Ecuador, Guyana, Paraguay, Perú, Surinam, Uruguay y Venezuela. Una historia compartida y solidaria, una diversidad étnica, lingüística y cultural son el fundamento de las naciones de UNASUR.

Se designa a Quito como la sede de la Secretaría General y se establece que UNASUR tendrá como objetivo favorecer un desarrollo más equitativo, armónico e integral en América del Sur. Un año después, mediante el Tratado de Brasilia, el 23 de mayo del 2008, los países de la región constituyen la Unión de Naciones Suramericanas como una organización dotada de personalidad jurídica internacional.

ACCIONES prioritarias que emprende UNASUR para lograr el cumplimiento de sus objetivos:

- Impulsar la integración en la región.
- Establecer el diálogo y el entendimiento como mecanismo para resolver conflictos.
- Promover la participación de los países miembro en el escenario internacional.
- Impulsar el desarrollo social y humano, la equidad, la inclusión, la erradicación del analfabetismo y el acceso universal a una educación de calidad.
- Respetar la biodiversidad y los ecosistemas.
- Consolidar una identidad sudamericana.

Practiquemos

18 **ESCRIBE *falso* o *verdadero*.**

1. Todos los países miembros de UNASUR son hispanoamericanos. ___________
2. En UNASUR, sólo hay intervención de los jefes de gobierno ________
3. UNASUR se consolida como una organización con representación legal internacional mediante el Tratado de Brasilia. ________ .
4. Todos los países miembros trabajarán por la integración y el desarrollo de América Latina. _________
5. La sede de la Secretaría General se encuentra en Bolivia. ________

19 **RESPONDE:**

1. ¿Por qué es importante UNASUR para América del Sur?
2. ¿Cuál es la herramienta que se utilizará en UNASUR para la solución de conflictos latinoamericanos?
3. ¿Cómo lograrán los países miembros de UNASUR la participación internacional?

Escribamos

una noticia

Después de 70 días, fueron rescatados con éxito los 33 mineros chilenos.

12 de octubre de 2010

Desierto de Atacama, norte de Chile

20 **LEE los siguientes eventos**

FECHA	
5 de agosto	A las 2:00 p.m. se produce un derrumbe en el interior de San José, una mina de cobre y oro.
22 de agosto	Se recibe un mensaje escrito: "Estamos bien en el refugio los 33".
23 de agosto	Enviada cámara de video y se conocen las primeras imágenes de los mineros.
6 de septiembre	Comienzan las labores de rescate.
9 de octubre	Termina la perforación de 622 metros y se hace contacto con los mineros.
12 de octubre	Sale el primer minero de la mina.
13 de octubre	Después de más de 20 horas, termina con éxito la operación de rescate.

VOCABULARIO

Rescate: liberación, salvación
Derrumbe: Caída o precipitación incontrolable de la tierra
Cobre (Cu) y oro (Au): metales de gran importancia en la economía chilena.

21 **ESCRIBE la noticia completa. USA la Voz pasiva (ser + participio pasado).**

Después de 70 días, fueron rescatados con éxito los 33 mineros chilenos.

12 de octubre de 2010

Desierto de Atacama, norte de Chile

Ahora sé...

...Usar el idioma para:

A. Relacionar el pasado con el presente

1. COMPLETA con la forma correcta del verbo.

1. ¿Alguna vez __________ (trabajar) fuera de tu país?
2. ¿Alguna vez __________ (probar) salami?
3. ¿Alguna vez __________ (escribir) un poema?
4. ¿Alguna vez __________ (decir) mentiras?
5. ¿Alguna vez __________ (romperse) un hueso?

2. COMPLETA con YA o TODAVÍA.

1. La reunión no ha empezado _______.
2. La hoja de vida _______ llegó.
3. _______ no hemos escrito el informe.
4. ¿ _______ pudiste hablar con el jefe?

3. ELIGE la forma correcta .

1. ¿Has ______ la nueva novela de Baily?
   a. leído **b.** leída **c.** leídas
2. Los recursos fueron ______
   a. asignado **b.** asignados **c.** asignada
3. Las empleadas no han ______ de la reunión.
   a. salidas **b.** salidos **c.** salido
4. Los ladrones fueron ______ en libertad.
   a. puesto **b.** puestos **c.** puesta
5. Marcela nunca ha ______ del país.
   a. salida **b.** salido **c.** salidas
6. Nunca hemos ______ un presupuesto tan alto.
   a. asignado **b.** asignada **c.** asignados

...Sobre el idioma:

4. ELIGE A si las siguientes oraciones están en voz activa o P si están en voz pasiva .

1. La empresa no me ha pagado el sueldo.
   A P
2. La solicitud fue enviada por Internet.
   A P
3. Las autoridades nos informaron.
   A P
4. El caso no ha sido resuelto.
   A P
5. El comité aprobó el presupuesto.
   A P

... Sobre Hispanoamérica:

5. COMPLETA

1. __________ es la capital de Ecuador.
2. En Ecuador existen cerca de ____ lenguas indígenas.
3. Ecuador es un importante productor de alimentos como cacao, ________ y ________.
4. La moneda del Ecuador es _______________.
5. Una tortuga galápagos, que se encuentra en una de las islas de Ecuador, puede vivir hasta _____ años.
6. El científico inglés ________________ desarrolló su teoría científica según las evidencias halladas en las islas Galápagos de Ecuador.

Puntaje: | /26

VIDA LABORAL

Repasemos

1 UNE.

1. Yo nunca	hemos trabajado con multinacionales.
2. Ellos	he llegado tarde a una entrevista.
3. ¿Vosotros	ha presentado una entrevista de trabajo.
4. Nosotros ya	han firmado un contrato de trabajo.
5. Amalia nunca	has pertenecido a la junta directiva de una empresa?
6. ¿Tú, alguna vez,	habéis conducido alguna vez un carro deportivo lujoso?

2 ELIGE la opción correcta.

1. Todos los candidatos ya fueron ___________.
   a. entrevistado **b.** entrevista **c.** entrevistados
2. La nueva biblioteca no ha sido _____________ todavía.
   a. inaugurada **b.** inaugurado **c.** inaugurados
3. Las políticas de promoción son __________ por el Departamento de Personal.
   a. diseñados **b.** diseñadas **c.** diseñado
4. Anteriormente, el presupuesto era _________ por el gerente.
   a. elaborado **b.** elaborada **c.** elaborados
5. Las agencias de empleo son __________ por la mayoría de las compañías.
   a. consultadas **b.** consultado **c.** consultada

Historieta Viajeros: ¡Lo había guardado aquí!

3 COMBINA las sílabas para formar las palabras descritas, según el vocabulario en la historieta del texto guía (página 74).

do	em	**ve**	**gra**	to	**tá**
a	***bo***	do	ble	pa	**tá**
cla	obs	bron	los	qui	te
cu	***je***	**mien**	**des**	**lla**	**e**

1. ___ ce ___ ___: quemado por el sol.
2. ___ bo ___ ___ ____ ___: congestión de vehículos en la vía.
3. ___ tá ___ ____: dificultades, inconvenientes.
4. cla ___: código secreto.
5. ___ ___ ___ je: conjunto de cosas que se llevan en los viajes.

4 RESPONDE.

1. ¿Por qué no llevó Inger los documentos al aeropuerto? ______________________________
2. ¿Para qué deben ir ellos a la Isla de Pascua? ______________________________
3. ¿Por qué se va a quedar Inger en Quito? ______________________________
4. ¿Por qué estaba Mikkel desmotivado? ______________________________

El jefe ya había llegado

Hablar sobre la vida personal y las experiencias laborales

5 **LEE la agenda de ayer de José. ESCRIBE Falso o Verdadero. CORRIGE la información falsa. USA *ya* y *todavía*.**

8:00	Analizar presupuesto con el comité.
12:30	Almorzar con clientes.
15:15	Entregar propuesta de mercadeo.
17:00	Entrevistar candidatos.
19:00	Asistir a la conferencia sobre Comercio internacional.
21:00	Cenar con Sonia.
23:00	Leer y responder correos.

1. Cuando José entrevistó a los candidatos, ya había almorzado con los clientes. __V__ (Ejemplo)
2. José no había entregado la propuesta todavía cuando analizó el presupuesto. ____
3. Él ya se había encontrado con Sonia cuando contestó los correos. ____
4. Cuando estuvo en la conferencia aún no había hablado con los clientes. ____
5. Él no había estudiado el presupuesto todavía cuando leyó los correos. ____

6 **RESPONDE y USA el Pretérito pluscuamperfecto del mismo verbo.**

Anita se preparó mucho para la entrevista.
¿Por qué tuvo éxito en la entrevista? _Porque se había preparado muy bien._ (Ejemplo)

1. El gerente salió a las diez y el cliente lo llamó a las diez y media. ¿Por qué el cliente no pudo hablar con él?
   ______________________________ .
2. El martes pasado llovió mucho en la tarde y el equipo de fútbol de empleados no pudo jugar en la cancha por la noche. ¿Por qué los empleados no pudieron jugar?
   ______________________________ .
3. "Ya hemos visto el video institucional muchas veces", respondieron las secretarias. ¿Por qué las secretarias no querían verlo nuevamente?
   ______________________________ .
4. Durante la reunión, el asistente estuvo exponiendo el proceso contable porque el contador se lo explicó. ¿Por qué el asistente pudo exponer el proceso contable?
   ______________________________ .
5. Con el dinero que ahorramos, pudimos viajar a Buenos Aires. ¿Por qué pudieron viajar en sus vacaciones?
   ______________________________ .

7 **Este ha sido un mes de sorpresas muy agradables para Óscar. Ha visto y escuchado muchas cosas por primera vez en su vida. USA el pretérito pluscuamperfecto para expresar su reacción.**

Conoció las líneas de Nazca.
Reacción: _Nunca había visto un diseño tan perfecto._ (Ejemplo)

1. Estuvo en un concierto del tenor peruano Juan Diego Flórez.
   Reacción: Jamás______________________________
2. El fin de semana pasado estuvo con sus amigos en Machu Picchu.
   Reacción: En mi vida______________________________
3. Ayer estuvo en un restaurante y probó Chupe de camarones.
   Reacción: Nunca ______________________________
4. Visitó un taller artesanal donde tejen los famosos tapices de alpaca.
   Reacción: En mi vida______________________________

¿Cómo se hace?

Hablar de procesos

8 **COMPLETA las oraciones y luego ORGANIZA la receta.**

Pasta corta con camarones.

1. Se Sirbe (servir) inmediatamente. 6
2. Se lavan (lavar) y se pelan (pelar)los camarones. 2
3. Se Cocina (cocinar) la pasta con sal y un poco de aceite. 1
4. Se acompañá (acompañar) con ensalada. 5
5. Se Sofrien (sofreír) en aceite de oliva el tomate, la cebolla y el ajo picados. 3
6. Luego, se agregan (agregar) la pasta, la crema de leche, un poco de vino blanco, pimienta, sal y las hojas de albahaca picadas. 4
7. Se adicionan (adicionar) los camarones ya lavados y pelados y se frien (freír) por 10 minutos. 5

9 **Muchos países latinoamericanos necesitan una visa para viajar a países como Estados Unidos o Europa. DESCRIBE el proceso para obtener una visa.**
USA la información dada para describir el proceso con el SE pasivo.

1. Comprar el PIN. (Personal identification number)	1. Se compra el PIN.
2. Comunicarse con el Centro de Visas para obtener la fecha y hora de la cita y un número de identificación.	Se comunica
3. Completar el formulario electrónico de solicitud de visa en la página de la Embajada.	Se completa
4. Imprimir la hoja de confirmación.	Se imprimi
5. Realizar el pago.	Se realiza
6. Adjuntar la hoja de confirmación, pasaporte, número de identificación y el valor de los derechos consulares en efectivo.	Adjuntan

10 **Carlos Mario pertenece al Comité de Bienestar Universitario. Ayer hubo una reunión, pero él no pudo asistir. En la noche, llamó a Luis y éste le informó sobre ella.**

OBSERVA la agenda de la reunión del Comité y **COMPLETA** el diálogo.

Carlos: ¿Qué pasó en la reunión del Comité?
Luis: Se evaluaron las tareas pendientes, ______________________

1. Evaluación de tareas asignadas. ✓
2. Análisis de presupuesto. ✓ Se analisó
3. Conformación de equipos de trabajo. ✓ Se conformaron.
4. Modificación del horario de atención en el servicio médico. ✓ Se modificó
5. Programación mensual de eventos. Luís está diciendo. ✓ Se programaron.

Conocí a mi esposa en el trabajo

Narrar en detalle cómo sucedió algo

11 REESCRIBE el texto que escribió Juan ayer sobre su día. USA el pretérito perfecto simple, el pretérito imperfecto y el pretérito pluscuamperfecto.

Hoy es un día especial porque tengo mi primera reunión de trabajo con el nuevo equipo.
Salgo muy temprano para revisar algunos informes, pero me doy cuenta de que he dejado mi agenda en la casa. Cuando estoy a punto de regresar a buscarla, recibo una llamada de mi jefe, que está muy nervioso y alterado. Me dice que me necesita urgentemente en la oficina. Decido continuar y trato de recordar mis compromisos de hoy. De repente, me encuentro en la mitad de una congestión. Ha ocurrido un accidente y todo es un caos.
Cuando por fin llego a la oficina, miro el reloj y son las ocho menos cinco. Mi jefe no está en la oficina y no sé para qué quiere hablar conmigo.

Ayer fue un día muy... especial tuve mi primera reunión de trabajo con el nuevo equipo. Salí muy temprano para revisar algunos informes, pero me di cuenta de que había dejado mi agenda en la casa. Cuando estaba a punto regresar a buscarla, recibí una llamada de mi jefe, que estaba muy nervioso y alterado. Me dijo me necesitaba urgentemente en la oficina. Decidí continuar y traté de recordar mis compromisos de ayer. De repente encuentre en la mitad de una congestión. Había occurido un accidente y todo era un caos. Cuando por fin llegué a la oficina miré el reloj y eran las ochos menos cinco. Mi jefe estaba en la oficina y no supe para que quería habla conmigo.

12 ELIGE la opción correcta.

Cuando Pablo y Sandra (**1.a.** se casaron / **b.** se han casado / **c.** se habían casado), ya (**2.a.** han compartido / **b.** habían compartido / **c.** compartieron), apartamento durante tres años.
Ella (**3.a.** trabajó / **b.** ha trabajado / **c.** trabajaba) como contadora en una empresa financiera y él era el chef del Hotel Real. Después de casarse, (**4.a.** habían comprado / **b.** compraron / **c.** compraban) una casa de campo cerca de la ciudad porque ambos (**5.a.** empezaban / **b.** empezaron / **c.** habían empezado) a trabajar muy temprano. Sin embargo, Sandra (**6.a.** tuvo / **b.** tenía / **c.** ha tenido) que dejar de trabajar cuando quedó embarazada. La vida cambió completamente para los dos. Pablo (**7.a.** tenía / **b.** tuvo / **c.** había tenido) que levantarse más temprano para ayudar con el bebé y Sandra debió aprender a ser ama de casa. Desde que nació su bebé (**8.a.** aprendían / **b.** habían aprendido / **c.** han aprendido) que ser padres es una experiencia maravillosa.

13 ELIGE la opción correcta.

1. Cuando mi hija ____, yo estaba fuera del país.
   a. nacía
   b. nació
   c. había nacido

2. Cuando compramos el apartamento, ya ____ juntos.
   a. vivimos
   b. estábamos viviendo
   c. vivieron

3. No _____ una sola mala noche por causa de nuestra hija, hasta ayer.
   a. hemos tenido
   b. tuvimos
   c. habíamos tenido

4. No pude viajar porque el pasaporte se ____.
   a. venció
   b. había vencido
   c. vencía

5. Ese día, yo _____ que presentar un examen y por eso no pude llegar temprano.
   a. tenía
   b. tengo
   c. he tenido

6. No pudo recordar la fecha en que ___ a su esposo.
   a. conoció
   b. conocía
   c. conocer

¡Prepararé la maleta!

Expresar acciones futuras y suposiciones

14 **El director del Departamento de Desarrollo Humano informa sobre cambios hechos en la empresa con algunos empleados. COMPLETA con el verbo en futuro.**

1. Algunas actividades se ________ (poder) realizar desde la casa. Esta nueva forma de trabajo es conocida como teletrabajar.
2. Los programas de bienestar __________ (orientarse) hacia la prevención de las enfermedades, la actividad deportiva y la recreación.
3. ________ (haber) un centro donde se ________ (cuidar) y ________ (atender) a los hijos pequeños de los empleados.
4. Con estas políticas, la compañía __________ (buscar) un balance entre la vida familiar y el trabajo.
5. Estas nuevas prácticas __________ (generar) más estabilidad y compromiso del empleado en el ambiente laboral.

15 **COMPLETA con el futuro de los siguientes verbos para la tercera persona del singular (saber: sabrá).**

1. poner
2. salir
3. tener
4. caber
5. haber
6. poder
7. valer
8. querer
9. venir
10. decir
11. hacer
12. saber

16 **Hoy llegó la nueva jefe del Departamento de Personal. Los empleados están muy curiosos y hacen suposiciones sobre los cambios que vendrán. OBSERVA y ESCRIBE el verbo en futuro para completar las oraciones.**

1. ¿________________ (tener) buena experiencia?
2. ¿De qué otra empresa ________________ (venir)?
3. ¿________________ (saber) todo sobre el funcionamiento de la empresa?
4. ¿________________ (ser) muy exigente?
5. ¿________________ (tener) buen sentido del humor?
6. ¿________________ (haber) grandes cambios en el Departamento?

Aprendamos sobre...

Ganadores del premio nobel de literatura en Hispanoamérica.

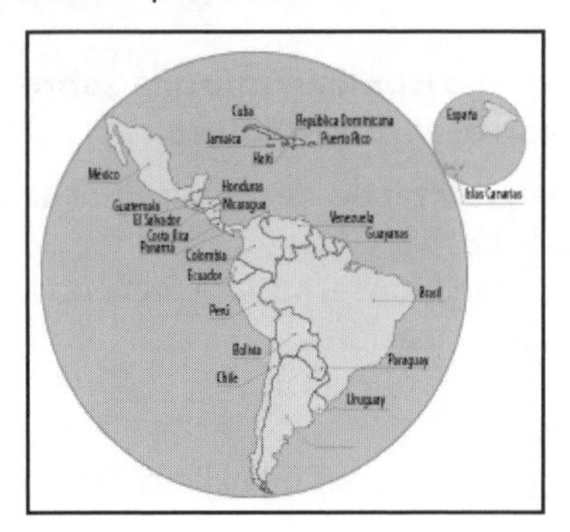

17 LEE y RESPONDE.

El Premio Nobel de Literatura es el máximo reconocimiento que se otorga anualmente a un escritor por el conjunto de su trabajo literario. Todos los años, los comités de selección envían miles de cartas a miembros de academias y profesores universitarios de todo el mundo, para nominar candidatos para el Nobel del año siguiente. La Academia Sueca, con la ayuda de expertos en el tema, se encarga de evaluar la producción de los candidatos durante el primer semestre del año y conforman una lista de finalistas, que se envía a instituciones encargadas de tomar la decisión. En octubre, la Academia publica la lista y, en el mes de noviembre, se otorgan los premios a los candidatos ganadores dentro de una gran ceremonia en la ciudad de Estocolmo.

Los siguientes son los escritores hispanoamericanos premiados con este galardón:

Latinoamericanos
1) Gabriela Mistral, Chile, 1945.
2) Miguel Angel Asturias, Guatemala, 1967.
3) Pablo Neruda, Chile, 1971.
4) Gabriel García Márquez, Colombia, 1982.
5) Octavio Paz, México, 1990.
6) Mario Vargas Llosa, Perú, 2010.

Españoles
1) José de Echegaray, 1904
2) Jacinto Benavente, 1922.
3) Juan Ramón Jimenez, 1956.
4) Vicente Aleixandre, 1977.
5) Camilo José Cela, 1989

La lengua española y Latinoamérica "de fiesta"

Latinoamérica ha sido galardonada nuevamente con este máximo premio a las letras españolas con el Nobel de Literatura de 2010 para el escritor peruano Mario Vargas Llosa. Además, representa un reconocimiento a la lengua española como lengua culta y de dimensión universal.

Mario Vargas Llosa ha llegado a la cumbre de la creación literaria. Este gran exponente de la novela, el drama, el relato, el cuento y el ensayo es, además, un excelente periodista e intelectual comprometido con la realidad del mundo. La Academia Sueca resaltó en el autor su interés por caracterizar las estructuras del poder y su compromiso con los que necesitan una voz. Algunas de sus novelas más importantes son: La Ciudad y los Perros (1963); Conversación en la Catedral (1969); Pantaleón y las Visitadoras (1977), La Tía Julia y el Escribidor (1978), La Fiesta del Chivo (2000), El Paraíso en la otra Esquina (2003), El Sueño del celta (2010) entre otras.
Entre sus premios se encuentran: Premio Nobel de Literartura (2010), Premio Miguel de Cervantes (1994), Premio Planeta de Novela (1993), Premio Príncipe de Asturias de las letras (1986), Premio Internacional de Novela Rómulo Gallegos (1967) y más.

18 Comprensión

¿Cómo se lleva a cabo la premiación de un Premio Nobel? ORDENA.

1. ___ Se publica la lista de ganadores.
2. ___ Se evalúa la producción de los nominados.
3. ___ Se entregan los premios.
4. ___ Se envían cartas para pedir la nominación de los candidatos.
5. ___ Se hace la votación.

Escribamos

Gabriel García Márquez, (Premio Nobel de literatura en 1982) escribió LADRÓN DE SÁBADO, un aclamado cuento que combina humor, drama y suspenso en una imaginativa historia.

19 ORGANIZA el siguiente resumen de la obra.

2 todos los sábados robaba. Uno de esos sábados, entró a robar a la
1 Hugo era un vigilante de banco que tenía una extraña costumbre:
5 que el ladrón se sintió muy cómodo en esta casa, cocinó para ellas, reparó
3 casa de Ana, quien vivía con su hija de tres años y su esposo, que siempre
8 la niña y de la señora, a tal punto que cuando llegó el domingo en la noche y
4 estaba de viaje de negocios hasta el domingo en la noche. Pero sucedió
6 algunas cosas rotas de la casa, jugó con la niña, bailó con la señora y se
7 entendieron muy bien en el baile… En definitiva, se ganó la confianza de
9 ya era hora de irse, todos estaban tristes por la despedida y se prometieron
10 volver a encontrarse el fin de semana siguiente.

20 Ahora, IMAGINA qué sucederá el próximo fin de semana. SEÑALA las opciones que crees posibles y ESCRIBE su forma futura.

venir	☐ *Vendrá (Ejemplo)*	Salir	☑ Saldrá	Decir	☑ Dirá	Enamorarse	☑ Se enamorarán
Enfermarse	☐ Se enfermará	Haber	☐ Habrá	Poner	☑ Pondrá	Querer	☑ Querrá
Tener	☑ Tendrá	Poder	☑ Podrá	Saber	☑ Sabrá	Capturar	☑ Capturará
Hacer	☑ Hará	Irse	☑ Se irá	Huir	☑ Huirá	Divorciarse	☑ Se divorciará

21 Ahora, NARRA el final de la historia.

...Usar el idioma para:

A. Hablar sobre experiencias personales

1. COMPLETA con la forma correcta de los siguientes verbos: *irse, acabarse, beber, marcharse, agotar.*

1. Cuando llegué a la fiesta de fin de año, ya muchos ______________.
2. Además, ya ____________ la comida.
3. Y también ______ todo el vino.
4. Pero, por fortuna, todavía no ______ los pasabocas.
5. Tampoco se ______ los músicos.

B. Narrar en detalle cómo sucedió algo

2. El lunes pasado, Eva empezó a trabajar como jefe de personal y cuenta cómo fue su primer día. ELIGE la opción correcta.

Empezar, nunca es fácil. Cuando (1. había llegado/llegué) a la oficina, (2. Había estado/ estaba) muy ansiosa porque no sabía cómo (3. iban/fueron) a reaccionar mis compañeros. Ya el gerente (4. Había reunido/ reunió) a todos los empleados para presentarme. La primera persona que (5. Había conocido/conocí) ese día fue a la recepcionista. Fue muy amable, pero (6. había estado/estaba) nerviosa en ese momento.

C. Hablar de procesos

3. ¿Cómo ha sido el proceso para elegir el nuevo producto? ESCRIBE oraciones como en el ejemplo.

Ejemplo: Hacer reuniones por departamento (el semestre pasado)----***Se hicieron*** reuniones por departamento.

1. Nombrar comisiones(hace tres meses)

   ____
2. Hacer estudio de mercado (antes de nombrar comisiones)

   ____
3. Elegir el producto (el mes pasado)

   ____
4. Empezar la campaña (después de elegir el producto)______________________
5. Sacar el producto al mercado (el próximo mes) ______________________

D. Expresar acciones futuras y suposiciones

4. COMPLETA las conversaciones.

Venir, hacer, ser, haber

1. **A:** ¿Qué __________ el próximo fin de semana?
   B: Estaré en la reunión anual.
2. **A:** ¿Dónde __________ la reunión?
   B: En el auditorio principal.
3. **A:** ¿Quiénes __________?
   B: Todos los empleados de la planta.
4. **A:** ¿ __________ comida?
   B: A lo mejor sí. En otras ocasiones ha habido.

...Sobre el idioma:

5. COMPLETA el cuadro.

Sustantivo	Infinitivo	Participio
productividad		
	emplear	
		motivado
discusión		
propuesta		
	imprimir	
elección		

... Sobre Hispanoamérica:

6. RESPONDE.

1. Posición de Perú en la producción de:
   Plata: _____
   Zinc: _____
   Cobre: _____

2. ¿Cuál fue la contribución de los incas en la arquitectura y la ingeniería precolombina?

____

____

3. ¿Por qué son los famosos los tejedores peruanos?

____

Puntaje: ____ **/37**

CRÉDITOS FOTOGRÁFICOS
MANUAL DE ACTIVIDADES VOLUMEN 2

FOTÓGRAFOS PARTICULARES

- © Jaime Naranjo; Fachada casa en Cartagena.
- © Jaime Naranjo; Panorámica de Medellín.
- © Jaime Naranjo; Sara tiene 4 años.
- © Jaime Naranjo; Cartagena I.
- © Jaime Naranjo; Cartagena II.
- © Jaime Naranjo; Cartagena III.